学級を最高のチームにする！
365日の集団づくり 中学1年

赤坂 真二 編著　岡田 敏哉 著

明治図書

シリーズ発刊に寄せて

　「中学校や高等学校の学級経営に関わる書籍がない」という声を数多く聞きます。そのような現状の中で，まず，「学級を最高のチームにする！365日の集団づくり」の中学校編・高校編が刊行されたことを心から嬉しく思います。

　中学校や高校の学級経営，とりわけ，学級集団づくりがとても重要な状況になりました。私は，全国の学校に招聘されて校内研修に出かけていますが，少し前までは，依頼主は小学校が中心でした。しかし，近年は中学校が増えてきましたが，最近では高校からご依頼をいただくようになりました。

　その背景にあるのが，学習指導要領改訂の動きの中で，俄に注目を浴びるようになったアクティブ・ラーニングです。交流型の学習を進める上で，学級集団づくりは不可欠であることに気付いた学校が増えてきたのでしょう。一方で，そうした「これからの備え」ということだけではない本音が見えるご依頼もあります。

　校区内の小学校が，この学力向上ブームの中で，授業改善に熱心に取り組むのはいいのですが，その基盤となる学級集団を育てないために，学級崩壊を繰り返しているというのです。その荒れが回復しないままに，中学校に進学してくるので，集団生活を送ることができるよう，基礎的な部分から指導をしなくてはならないといった切実な事情もあるようです。小学校のときは，教師の目の届く範囲内で，それなりにやっていた子どもたちが，中学校，高校という教科担任制のシステムで，うまく適応しない事例が少なからず起こっているのでしょう。小学校が授業づくり（学力向上）に熱心に取り組む一方で，集団として訓練や社会性が未発達のまま，次の学校段階に送り込まれ，中学校や高校が社会性の育成をやり直さなくてはならないのは何とも奇妙な話です。

　いずれにせよ，学級経営の重要性は高まっているようです。平成28年12月

21日に示された，「幼稚園，小学校，中学校，高等学校及び特別支援学校の学習指導要領等の改善及び必要な方策等について（答申）」（中央教育審議会）（以下，「答申」）でも，学級経営の充実について述べられています。これまでの指導要領でもこのことについて触れられていました。しかし，今回は次のように，「これまで総則においては、小学校においてのみ学級経営の充実が位置付けられ、中学校、高等学校においては位置付けられてこなかった」ことを指摘し，「総則においても、小・中・高等学校を通じた学級・ホームルーム経営の充実を図り、子供の学習活動や学校生活の基盤としての学級という場を豊かなものとしていくことが重要である」と小，中，高と，一貫して学級経営をしっかりやっていこうとはっきり言っています。

　しかし，アクティブ・ラーニングだけに注目すると，改訂の趣旨を見落としてしまうのではないでしょうか。アクティブ・ラーニングを理解するには，その背景から理解しておくことが必要です。図1は，先述の「答申」を受け

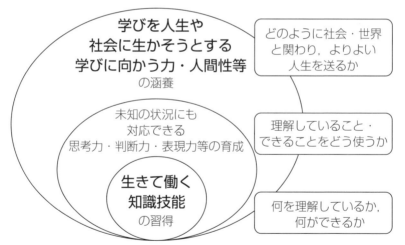

幼稚園，小学校，中学校，高等学校及び特別支援学校の学習指導要領等の改善及び必要な方策等について（答申）
平成28年12月21日（水）中央教育審議会

図1　次期指導要領における学力観（筆者作成）

て，私が作成したものです。

「答申」では，「子供たちの現状と課題」において，「学ぶことと自分の人生や社会とのつながりを実感しながら，自らの能力を引き出し，学習したことを活用して，生活や社会の中で出会う課題の解決に主体的に生かしていくという面から見た学力には，課題がある」と指摘しています。これまで，わが国の子どもたちは，国際学力調査では高いスコアを獲得してきました。しかし，それは，テストの点を取ることに長けていても，世の中に貢献するような力（実力）はつけてこなかったということです。

学力は高いが実力はない

という判断です。「知識技能」は，生きて働くものであり，「思考力・判断

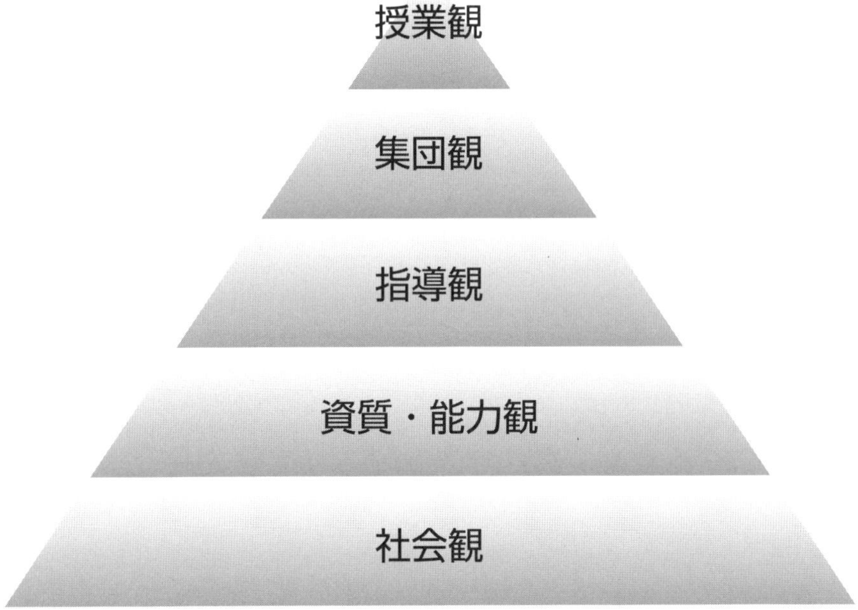

授業観
集団観
指導観
資質・能力観
社会観

図2　指導観の構造

力・表現力等」は，未知の状況にも対応できるものであり，それらは，「学びに向かう力・人間性等」の涵養に向かっていくべきものなのです。

こうした力をつけるときに，クラスメートの後ろ頭を見つめながら，一部の子どもたちの意見を黙って聞きながら，ひたすら黒板を写すような授業を繰り返していて大丈夫なのかと問いかけているのがアクティブ・ラーニングの視点による授業改善なのです。教師の考え方「観」の構造を図2のように示すと，これから社会構造が変わり，社会のあり方が変わります。すると，求められる能力・資質も変わります。すると，それを身につける指導のあり方も，集団のあり方も変わります。したがって，授業も変わらざるを得ないということです。

子どもたちの「学びの場としての学級のあり方」が新たに問われているのです。このような状況の中で，職員室が世代交代を迎えています。指導層となるベテランの大量退職が進んでいます。私たちの時代は，困ったら気軽に先輩に聞くことができました。しかし，今はそれが難しくなっています。

ならば，教員養成の段階で何とかしなくてはと思いますが，残念ながら，現在の教員養成のプログラムにおいて，学級づくりに関する内容は標準装備されていません。普通に教員免許をとるだけでは，学級づくりを学ぶことができないのです。つまり，多くの新採用の先生方が，学級づくりにおいて丸腰の状態で現場に放り出されるような状態が続いています。そうした危機感を背景に誕生したのが本シリーズです。

本シリーズでは，高い機能をもつ学級集団の姿として「チーム」を構想しました。チームとは「一人では解決できない課題を，良好な関係性を築きながら解決する集団」です。アクティブ・ラーニングの本質をズバリと突いていると思います。そして，各学年の執筆者たちが「チーム」に向かう道筋を，中学校編は，学年別に1年間，高校編は3年間まるごと紹介しました。

本シリーズを執筆したのは，次の4人です。

中学校編の1年生は，岡田敏哉氏です。岡田氏は，英語教師，また柔道部一筋18年の中堅です。地域で，教科指導でも部活指導者でも期待を集める教

師です。近年は，ベテランと若手をつなぐミドルリーダーとしても活躍し，信頼を集めています。教科指導，部活指導，若手育成そして仕事術，すべてを高い水準でクリアする教師です。

　2年生の久下亘氏は，国語教師でありソフトボール部顧問です。久下氏は小学校教師の経験があり，小中（小8年，中5年）を通じて学級集団を自治的集団に育てることに尽力してきました。協同学習を学び，生徒が交流しながら学び合う授業づくりに早くから取り組んできました。フットワークの軽さで，各地の研修会に参加し全国の実力者と交流しながら，貪欲に学んできました。

　3年生の海見純氏は，国語教師でありソフトテニス部顧問です。海見氏は，学年主任として，若手が増加する地元で教育委員会公認の「達人教師」として示範授業などを行っています。若い頃から地元の仲間とサークルにおいて自らを磨くとともに，若手育成にも尽力してきました。何事も率先垂範で尊敬を集める20年目のベテランです。

　また，高校編の片桐史裕氏は，27年の高校勤務（国語）を経て，現在は，教職大学院で教員養成に関わっています。高校勤務時から，全国規模のサークルや学会に所属し，講座をしたり発表をしたりして，研究的視点で実践を磨き上げてきました。特に群読の講座は，参加者が楽しく学びながら一体感も感じるととても好評です。

　4人に共通していることは，
　　①　教科指導の高い実践力をもっていること
　　②　若手指導を育てる力をもっていること
　　③　職場で信頼されていること

です。信頼を集める教科指導のプロだからこそ，彼らが語る学級集団づくりに説得力があるのです。1年間の実践を公開できること（高校編は3年間），それが即ち，彼らの「実力の証明」です。どうぞ渾身の作をお手に取ってご堪能ください。

赤坂　真二

シリーズの読み方

　本書の構成は画期的です。各学年の１年間の実践が１冊に凝縮されていますが，スタートが３月です。３月は，学級づくりのゴールイメージです。

> 結果の質を決めるのは，目的の質

です。目をつぶってボールを投げて，的に当たるわけがありません。目的地を決めないでとりあえず出かけて，うまくどこかにたどり着いたとしても，それは，「誤った場所」に「順調に」到着しただけです。まずは，各執筆者のゴールイメージをよくお読み下さい。また，そのゴールイメージをもつに至った根拠となる基本的な考え方が第１章に示されています。考え方の違いはちょっとしたものかもしれません。しかし，スタート時は僅差でも，ゴール地点では大差になっていることがあります。

　それを実現するために，２か月ごとに分けた５期の取り組みがあります。各時期のページの分量を見ればわかるように，第１期（４月，５月）が多くなっています。ここからわかるのは，成果を上げている教師たちが，１学期，それも導入期の営みを極めて大事にしているということです。学級集団づくりは「後回し」にすればするほどリスクが高まります。

　しかし，学級づくりはロングランの営みです。１学期だけがんばればいいわけではありません。継続的に取り組むことが大事です。そこで，取り組みが順調であるかを診断するために，最終章に学級集団づくりのチェックポイントを挙げました。定期的に学級づくりを点検してみて下さい。人の営みは，やったつもりになっていることがよくあります。定期的な振り返りは，やったつもり，やったふりに陥ることを防いでくれます。

赤坂　真二

☆まえがき

　学校を荒らさない。

　私が一番大切にしている考え方です。学級経営も教科経営も校内研究も，その目標はいろいろあって構いませんが，目的は「学校を荒らさない」ことに行き着くと，実感をもって解釈しています。
　学校が荒れると何が起こるでしょうか。一部の問題行動を起こす子どもたちが集団の空気を牛耳るようになります。中間層の子どもたちは委縮します。そしてそれをコントロールできない教師たちを蔑視します。教師に期待しなくなります。教師ではなく，教師「たち」をなのです。教師間に不協和音が流れます。
　「何でもっと厳しく指導しないのですか？」
　「生徒指導部は何をやっているんだ！」
　職員室に安心感をベースにした協働の雰囲気はなくなります。個々が「自分の最低限の仕事」に埋没します。
　大学の附属学校などを除けば，中学校は地域の中の学校です。中には，地域内の全戸から後援金をいただいているところもあるでしょう。学校が荒れると，本来的には学校の応援団である地域からこう思われます。
　「あの学校はダメだ。あの学校の教師『たち』はダメだ」
　一度そうなると，どんなに学校に秩序が再構築されたとしても，私の感覚では，最低5年は「あの学校は荒れているらしい」と噂されることになります。小学校でどの中学校に行くか選択できる環境にある場合には，その噂がダイレクトに次年度の入学者数に表れます。ある年には，卒業生10名の小規模小学校から，私の勤務した学校に来た生徒はたったの2人。そして，生徒指導主事をしていた私は，ある保護者にこう言われました。
　「おたくの学校に，うちの子どもを預けるわけにはいきませんので」

学力向上が叫ばれる昨今。大学入試改革とセットで，アクティブ・ラーニングが中学校段階にも要求されています。しかし，それらが現実的に機能するためには，学校にある程度の秩序が保たれている状態が必要なのです。荒れている学校では，教師にそんなことを考える余裕はありません。学力向上どころではないのです。

　学校の教育効果を高めるには，前提が必要なのです。

　その基礎は「集団づくり」にあります。中学校における集団とは，全校＞学年＞学級という単位で表現できるでしょう。学級を意図的につくるのです。その目標は「学校を荒らさない」こと。そしてその目的は，ある程度秩序の保たれた教育環境の中で「個の育ちを保証する」ことにあります。

　20年弱の中学校教師経験で強く思うことがあります。それは，

> 中学校3年間の学校生活の質は，中学1年生で決まる

ということです。

　では，学校を荒らさないために生徒たちを規則で縛り上げればいいのでしょうか。大人の言うことを聞かせることにすべてのコストをかければいいのでしょうか。

　荒れの真っただ中にある場合，一時的にはそれが必要なときもあります。しかし，それは過程であって到達点ではありません。それに終始する指導は，次の荒れを生む温床になります。

　学校を荒らさず，個が伸びる集団をつくるためには，何をするべきなのか。何をするべきではないのか。具体とその目的について，教職20年弱の現在伸び盛り？の私と，中学校における学級経営を一緒に考えていただければ幸いです。

岡田　敏哉

シリーズ発刊に寄せて
シリーズの読み方
まえがき

第1章 「中学校」という教育段階を理解する

1 「中学校」という教育段階の特徴 ―16
2 中学1年生が一番大事！ここから始める生徒指導 ―18
　1 2：6：2 ―19
　2 中間層には2種類の生徒がいる ―20
　3 上位層2割を育てて中間層6割を感化する ―20
3 人として尊く生きること ―22

第2章 3月 良質なチームの中で強い個人を育てる

第3章 4月〜5月 ルールづくり　システムづくり　関係づくり

1 入学式前　学級発表 ―28
　1 学級，名簿のナンバーを覚えさせる ―28
　2 初めての学年集会 ―28
2 入学式当日 ―30
　1 教室環境を点検する ―30
　2 教室で入学式の練習 ―30
3 入学式直後　保護者が見ている初めての学活 ―32
　1 「楽しそうな先生」だと思わせる ―32
　2 保護者への第一印象を意識する ―33

11

4　学級開き〜最初の1週間　—34
　　1　ルールづくり　安心安全の土台をつくる　—34
　　2　システムづくり　自治的集団への第一歩　—35
　　3　関係づくり　生徒同士をつなげる　—35
　　4　関わらせる＆リーダーを「見える化」する　—37
5　最初の1か月でルールとシステムを定着させる　—40
　　1　ルールづくり　具体的行為行動の指示　—40
　　2　システムづくり　「担任不要」のシステムを構築する　—42
　　3　関係づくり　話し合い活動の導入　—43
6　学級懇談会　初めての保護者との語らい　—50

第4章　6月〜7月　「魔の6月」に備える

1　関係づくりの点検　いじめのリスクが高まる6月　—54
　　1　いじめの予防　—54
　　2　いじめの治療　—57
2　ルールの点検　問題行動への対応　—62
　　1　アメちゃん登場　—62
　　2　失敗に強い人にする　失敗に強い学級にする　—64
　　3　みんなで寄ってたかって生徒指導　—64
3　定期テストへの戦略　—68
　　1　小学校のテストと中学校のテストの違い　—68
　　2　自主学習の習慣づくり　—68
　　3　伝えたいこと「失敗しない人より失敗に強い人に」　—70
4　部活動に対して担任がするべきこと　—71
　　1　中学生の育ちは「憧れ」でできている　—71
　　2　部活動顧問と立ち話　—72

第5章 夏休み　学級担任　ちょっと休憩

1　夏休み前の指導　—74
2　秘密の宿題「secret mission」　—75
3　部活動顧問にお願いする　—76
4　家庭訪問　育ちのベースを感じに行く　—77
　コラム　学級経営戦略会議　—78

第6章 9月〜10月　学級生活再スタート

1　学級に戻らせる　—82
2　見通しをもつ・もたせる　—83
3　体育祭を活かす　—84
　1　勝利のための課題を全員で解決するチャンスにする　—84
　2　学級メンバーのもつよさを見える化する　—86
　3　先輩に憧れをもたせる　—87
4　ルールとシステム　その意義を内在化させる　—88
5　部活動で「先輩」への準備をさせる　—89
　1　選手になる1年生　なれない1年生　—89
　2　壮行会で一人前にする　—90
　コラム　教科担任とタッグを組む　—91

第7章 11月〜12月　行事を使って育てる

1　合唱コンクールは2つの視点で　—96
　1　芸術としての合唱　—96
　2　協働場面としての合唱　—97
2　合唱づくりに効く2つの視点　—99

1　効く言葉「声量と隣の人への信頼度は比例する」 ―99
　　　2　先輩に憧れをもたせる ―100
　3　生徒会選挙　来年度の学校を見据える ―101
　　　1　選挙権を行使させる ―101
　　　2　被選挙権を行使させる　来年度への助走 ―102

第8章　冬休み　学級経営の総点検

　1　ゴールを見据える ―104
　2　認める ―105
　3　つなげる ―107
　4　自立させる ―110
　　コラム　生徒指導は気力・体力・？力 ―113

第9章　1月～2月　集団づくり最終形態

　1　良質な集団の中で強い個を育てる ―114
　2　クラス会議　個人のお悩み相談会 ―118
　3　ゴールの姿　課題解決の最高潮「学年フェスタ」 ―120
　　　1　学年フェスタの概要 ―121
　　　2　本取り組みで生徒に求められる資質・能力 ―121
　　　3　「7年生」の自覚 ―122
　　　4　教室に巨大迷路出現「Hi-Hi迷宮」 ―123
　　　5　他者への貢献意識 ―128
　4　教師の仕事 ―130

第10章 1年間を乗り切るコツ

1 安心と安全をつくるルールの先出し　―132
2 変えられることにコストをかける　―134
3 学年部に貢献し，依存する　―136
4 手ごたえを数値化する 「何となく」を「やっぱり！」に　―138
5 極論「死ななければいい」「休まなければいい」　―139

第11章 学級集団づくりチェックポイント20
〜チームに育てるための定期点検リスト〜

1 学級集団づくりにも定期点検を　―140
2 学級集団づくりチェックリスト　―141
3 いつも自分のあり方を見つめながら学級を見る　―149

あとがき

「中学校」という教育段階を理解する

> **キーワード** 中間層　感化
> どんな学級にもエース級の子がいます。どんな学級にも手のかかる子がいます。そして大多数を占める中間層の子がいます。集団を構造的に捉えるのです。

「中学校」という教育段階の特徴

　先日，5歳になる娘の保育園の担任から電話がかかってきました。
　「今日，岡田さんのところの明子ちゃんが，遊戯室で走っていて転んでしまったんです。私どもの監督不行き届きで申し訳ありません。少し様子を見ていただけますか。今後は再発防止に努めます」
　連絡をくださったことにお礼を言い，電話を切った後，私はどんな大けがをしたかと思い娘に聞くと「ん？そうだったかなぁ」と素っ気ない返事。あざができた様子もありません。ホッと一安心したのと同時に，こう思いました。
　「保育園はここまで気を遣って，保護者対応をしているのか」
　すべての園で同じ対応がなされているかどうかはわかりませんが，多くの保護者が同じ程度の「サービス」を受けながら，子育てをしているのだと実感しました。
　学校という場所は，以前は「聖性」の高い場所でした。滝川一廣氏は時代の変化と学校のあり方を，「豊かな社会と生活へのひとびとの思いが，学校とは貧しい「此岸」（現在）から豊かな彼岸（未来）へと導く特別な場所，聖なる場所という観念を生み出していった」と述べています。

第1章 「中学校」という教育段階を理解する

　学校に行くことを「登校」と言います。一段高い場所という感覚が、この言葉に表れています。以前の学校は自己実現のために、そして豊かな生活を得るために万人に必要な「聖なる場所」だったと言えます。今はどうか。現代の学校は「サービス業」の様相を色濃くしています。私の娘の保育園の先生がとった保護者対応は、その表れでしょう。

　もし、幼稚園・保育園でサービスとしての教育を享受し続けてきた保護者が、同じ考えで学校教育を捉えていたとしたら……。小学校の先生方は本当に苦労されているのではないでしょうか。

　小学校と比較すると、中学校にはまだある種の聖性が残っている部分が多いと感じます。先輩後輩という上下関係、部活動での規律、制服の服装指導、ほとんどの生徒が通る高校入試の壁。そして、小学校の先生方が「中学校ではそんなことは通用しないよ」などの、いい意味でのネガティブキャンペーン（？）を論じて下さることも、その要因の一つです。ですから、規律に関する指導について、苦情を言う保護者はごく一部の方です。保護者も「中学校はそういう場所」と認識していることがうかがえます。

　一方で、「中1ギャップ」なる言葉も生まれてしまいました。中央教育審議会は中1ギャップを、

> 児童が、小学校から中学校への進学において、新しい環境での学習や生活へうまく適応できず、不登校等の問題行動につながっていく事態

と呼び、その要因を、学習指導面と生徒指導面にあると指摘しています。私たち中学校教師は、ここに強い責任を感じなくてはなりません。適度な小学校との違いの「壁」は有効に使うべきですが、それが子どもの不登校の要因になるのだとしたら、非常に大きな問題です。

　このように、中学校というところは、ある種のノスタルジックな「聖性」と小学校との「壁」が混在する教育段階なのです。そこに子どもが大人に成長するために不可避な「思春期」が花を添えます。何から手をつけますか。

　一緒に中学校最初の段階、1年生の学級経営を紐解いてまいりましょう。

中学1年生が一番大事！ここから始める生徒指導

　中学校では生徒指導が重要な機能となります。思春期ど真ん中のエネルギーに満ちあふれた生徒たちが，集団で生活をする場です。中には不適切な行動をして，警察のお世話になるような問題行動を起こす生徒もいます。

　中学校における生徒指導の基本スタンスをまずはお伝えします。これがなくては，how to ばかりが先行してしまうからです。「何をやるか」も大事ですが，その先にある「何のために」という目的を捉えて下さい。結論から言います。中学校で重要なことはこれです。

学校を荒らさないこと

です。学校が荒れていると生活に秩序がなくなります。授業が立ち行かなくなります。物が壊れます。教師が疲弊します。教員の異動のサイクルが早くなります。地域からの信頼を失います。学力向上どころではなくなります。学校を荒らさないために一番大事なポイントは，

指導が入りやすい中学1年生のときに，何をどう指導するか

なのです。入学してからしばらくは，どんな生徒でも「よし，中学校に来たからがんばろう」と前向きな気持ちになっています。この時期にしっかりと行動と考え方を育てるのです。そこで，生徒指導という集団づくりの「機能」が活きてきます。1年生が，中学校における生徒指導の最重要段階です。生徒指導提要の書き出しに，こうあります。

> 生徒指導とは，一人一人の児童生徒の人格を尊重し，個性の伸長を図りながら，社会的資質や行動力を高めることを目指して行われる教育活動のこと

個人の育ちが生徒指導の意義だと捉えることができます。では，そのような個人が育つ集団づくりの方策はどのように行えばいいのでしょうか。

1　2：6：2

　集団はその能力などで上位２割，中間６割，下位２割に分けられるといいます。ビジネスの世界でも使われる考え方です。営業などならば，優秀―標準―不良のような捉えになるでしょう。生徒指導コンサルタントの吉田順氏は，学校には３種類の生徒がいると述べています。それが「まじめな生徒」「中間的集団」「逸脱した生徒」です。これを先ほどの２：６：２に当てはめると，次のように考えられます。

　　A　上位層２割：「まじめな生徒」
　　B　中間層６割：「中間的集団」
　　C　下位層２割：「逸脱した生徒」

　便宜的に２：６：２と表現しましたが，中学校におけるこの割合は，子どもたちが小学校教育をどのようにくぐってきたかによって，かなり左右されます。教師への信頼感の度合いがその最たるものです。

　「教師の言うことは聞くものだ」「先生とは信頼できる存在だ」という感覚をもって入学してくる１年生は，「まじめな生徒」の層が厚くなります。

　一方，学級崩壊を経験してきた生徒が多い学年では，「逸脱した生徒」の層が厚くなる傾向にあります。すべてを小学校のせいにするつもりはありません。それも含めて私たち中学校教師が，子どもの育ちの責任を引き受けるのですから。

| C　下位層 「逸脱した生徒」 | B　中間層 「中間的集団」 | A　上位層 「まじめな生徒」 |

2 中間層には2種類の生徒がいる

先に述べたB中間層は、さらに2つに分かれると考えています。
　　B1　中間層上位：「まじめな生徒」に追随しやすい生徒
　　B2　中間層下位：「逸脱した生徒」と馴染みやすい生徒
　B1の生徒は率先して手段を前向きにリードする言動はしませんが、リーダー生徒の「やろうよ！」という声かけについていくタイプの生徒です。
　一方、B2は問題行動を起こす「逸脱した生徒」たちの行動を面白がる生徒です。勉強からドロップアウトして、学校に楽しみが見出せなくなってくるとB2がじわじわ増えてきます。「何か面白いことないかなぁ」と感じているところに、「逸脱した生徒」の問題行動が起こり、教師があたふたするのが見える。それを面白がる。B2は自ら問題行動を起こすことはありませんが、確実に問題行動を増幅させる観衆になるのです。

| C　下位層
「逸脱した生徒」 | B2　中間層
逸脱した生徒と
馴染みやすい | B1　中間層
まじめな生徒に
追随しやすい | A　上位層
「まじめな生徒」 |

3 上位層2割を育てて中間層6割を感化する

吉田氏はこう言い切ります。

「限りあるエネルギーはできるだけ『中間的集団』に使うべきである」

　突発的な問題行動に手を焼いている方もいるでしょう。しかし、集団を育てるには「逸脱した生徒」ばかりに目を向けていてはダメなのです。彼らをよくしようとするのは、生徒指導の一つのピースでしかありません。大海原の航海を成功させるには、乗組員一人ひとりの幸せを追求する前に、船自体

を守らなくてはなりません。沈没したら元も子もないのです。
　中間層を育てます。そのために上位層を動かします。先に述べたＡ上位層「まじめな生徒」がもつ学校生活に対する前向きな姿勢で，Ｂ１中間層「まじめな生徒」に追随しやすい生徒を「感化」させるのです。そのために必要なのは次の２つです。

> 1　安心と安全をつくる「生活ルール」
> 2　行動を強化させる「価値の納得」

　中学校はたったの３年間です。１から10までを教師が教えるには無理があります。集団教育の最大のメリットを活かします。それが，

> 生徒による生徒への「感化」

です。そのために上位層を育て，中間層を変容させるのです。

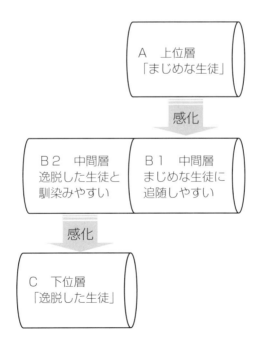

人として尊く生きること

　ルールが先行すると，中には「先生の言うことを聞いていればいいんだ」と考える子どもが出てきます。そのほうが楽です。人に言われたことを，言われた通りにやっていればいいのですから。

　みなさんは，そんな奴隷のような人間が次世代の社会をつくり，この日本を支える人になっていくと思われますか。

　生徒指導の意義は「社会的資質や行動力を高めること」にありますから，ルールに従順な生徒をつくることが目的ではありません。子どもたちに「人としてどうあることが尊いのか」を示し，高みを目指させます。

> レベル1　何もできない，何もしない
> レベル2　してはいけないことをしない
> レベル3　言われたことをきちんとする
> レベル4　自分で考えて動く
> レベル5　自分で考えて，人と一緒に動く
> レベル6　自分で考えて，人を動かす（心と体）

　ルールを示し，行動の価値を語り，人として尊い生き方を選択させます。生徒指導は，生徒を操作することに終始してはなりません。また，一部の問題行動をとる生徒だけを対象にしてはなりません。

　「木を見て森を見ず」と言います。一つ一つの事象や個人を見て，全体を見ないことの危うさを説いたものです。中学校ではこう言えるでしょう。

> 木を見ながら森を見る。森を見ながら木の1本1本を見る。
> そして周りの木の生命力で，隣の木も成長させる。

　木とは生徒個々であり，森とは学級集団のイメージです。

集団教育の枠組みの中で個の成長を願う。そのためには，最大のパーセンテージを占める層をどのように育てるかが重要なのです。そのために，

| ルール　　システム　　関係性 |

が必要になります。次章から，月ごとの重点を述べます。

良質なチームの中で強い個人を育てる

□キーワード チーム　強い個人
集団をつくることは過程であり，ゴールではありません。良質な集団の中で，強い個人を育てることを志向します。

　結論から申し上げます。学級経営の目的は，集団を育てることではなく，個人を育てることです。そして，育てたい具体的な個の姿は，

誰とでもチームになれる強い個人

になることです。中学校学習指導要領にこうあります。

〔学級活動〕1　目標
　学級活動を通して，望ましい人間関係を形成し，集団の一員として学級や学校におけるよりよい生活づくりに参画し，諸問題を解決しようとする自主的，実践的な態度や健全な生活態度を育てる。

　個人の育ちを保証するために，学級担任は「学級活動を通して，望ましい人間関係を形成」していくことが求められます。「望ましい人間関係」とは，何でしょうか。学習指導要領解説にはこうあります。

「豊かで充実した学級生活づくりのために，生徒一人一人が自他の個性を尊重するとともに，集団の一員としてそれぞれが役割と責任を果たし，互いに尊重しよさを認め発揮し合えるような開かれた人間関係」

　このような関係をつくる力をもつ個人を育てる必要があるということです。学級解散の3月。最後の学活で，私は生徒たちに作文を書かせます。お題は「小学校6年生の自分と今の自分が変わったところ」です。私のかつての教

え子たちは，1年間の自分の変化を次のように述べています。

- A男：僕は落ち着きが出たと思います。自分の思ったことをすぐにやらないで，周りに話したり距離を考えてやったり，まず考えてから行動することができるようになりました。
- B男：中学校に来て，自分の行動が周りにどんなふうに映るかを最後まで想像して動くようになりました。また，先生に何か言われず自分から動くということもできたと思います。
- C男：小6の頃は，ちょっと気に入らないことがあれば暴力で解決していました。でも今は，すぐに感情的にならず，いろいろなことを解決できるようになりました。

　3人ともいわゆる多動傾向のお子さんたちでした。周囲とのトラブルが多いと小学校からの申し送りにあった男子生徒です。周囲に対する行動に変化が生まれたことを自覚しています。

- D男：小学校のときは人前に出て話すことが苦手，というか大嫌いでした。中学校に来て人前に出てもしっかりと話をすることができるようになったことが，大きな変化です。
- E子：小学校の頃は，先生に言われてから協力したり，友だちに誘われてから協力したりすることが多かったです。でも今は，先生に言われなくても協力できるようになったし，自分から進んで動けるようになりました。
- F子：中学に来ていろいろな活動を行うたびに，同じクラスの仲間が，私や他の人のために自分のことを後回しにして動いているのを見て，私は自分も相手も満足できるような行動をとりたいと考えるようになりました。

　4人とも小学校からの情報は「おとなしい子」。その子たちが積極的に行動できるようになりました。自分から勇気を出して前に出たり，周囲のよさに感銘を受けたりして，自分自身が変わったと言っています。

G子：心が変わりました。小6までは何でもネガティブに捉えて，自分に嫌なことがあるとすぐに友だちにグチっていました。たぶん，みんな迷惑だったと思います。今では部活も勉強も何でもポジティブに捉えられます。でもつらいこともあります。そのときこそ，仲間と一緒に分かち合いたいと思っています。

H子：前から自分の役割をきちんと果たしてきましたが，今は，もっと積極性が身につきました。自分の役割を果たして友だちに喜んでもらえると，またやろうと前向きな考え方ができるようになりました。

I男：自分さえよければいい。ずっとそう思ってきました。ですが，中学に来て友だちも増え，仲間の大切さを知ることができました。自分のことだけでなく，他の人のことも大切にすることができました。僕はこの1年で本当に変わったと思います。

J子：今までは自分中心でした。自分がよければそれでいい。周りの人が困っていたら，助けることはできました。だけど，心のどこかで「何でできないの？」「面倒くさいなあ」と思っていました。今も自分中心なのは変わっていませんが，それに「仲間中心」という感情もプラスされました。自分がやらないと，その人は困るだろうな。先を見通して，人のためにいいことができるようになりました。

　この4人はいわゆるリーダー役をやってきた生徒たちです。彼らは自分自身の考え方が変わったと言っています。他者への貢献とそこに喜びを感じる態度。そして自分の価値観の広がりを自覚している様子がうかがえます。

　男子生徒は，自分の行動面の変化を書いています。女子生徒は，考え方の変化について書いている子が多いです。まだ幼さの残る男子と，大人に近づいている女子。大雑把に言えば，中学1年生はそのようなものです。

教え子たちの1年の振り返りに共通しているものは何でしょうか。それは,

> 学級の仲間への強い関心

です。仲間への関心があるから,前記の男子生徒たちのように自分の行動の先を見通して行動改善をするようになりました。仲間への強い関心があるから,F子のように仲間のよさに引きつけられて自分を変えていくことができました。最後のJ子。彼女のように,自分を変えずに新たな価値を自分の中に納得しながら落とし込んだ生徒もいます。

学校生活は集団生活です。多様な他者との折り合いのつけ方を学ぶことが,子どもたちの社会性を育成していきます。そのことに異議を唱える方はほとんどいないでしょう。では,どのような集団の中で育つと上記の子どもたちのような変容が期待できるのか。それが赤坂真二氏の言う「チーム」です。

> ① 一人ではできない課題を,
> ② よりよい関係を築きながら,
> ③ 解決していく集団。

個人を育てるために,生徒一人ひとりにアプローチする方法もありますが,私は集団の教育力を活かすことを第一に考えます。

良質なチームの中で強い個人を育てていく。それが,私の学級集団づくりのゴールイメージです。

ルールづくり
システムづくり
関係づくり

キーワード 安心感　ルール　システム　関係性

6年間の小学校生活を終えた彼らには力があります。その力を引き出すには，中学校での新しいフレームをつくることが重要です。

入学式前　学級発表

　これまで勤務した学校では，入学式前日に登校日を設けて学級発表を行っていました。次の流れで行います。

1　学級，名簿のナンバーを覚えさせる

　中学校生活のスタートです。学級という偶然に組織される集団に帰属させます。次のことを指示します。

　・自分の学級番号と名簿番号を覚える　　・学級の列で，名簿番号順に座る

　集団生活のスタートにあたり，個人である太郎君を「〇〇中学校1年〇組〇番の太郎」とそれぞれに認識させます。少なくとも1年間は付き合う数字であり，自分自身の居場所をつくる数字です。

2　初めての学年集会

　体育館に学級ごとに整列をしたら，初めての学年集会です。学年として集団を育てる最初の場面です。学年の生徒指導担当が話します。

> 「荷物はすべて自分の右隣に置きます。体育座りをします。先生に顔とへそを向けます。すばらしい聞く姿勢ですね。さすがは7年生です」

私の勤務する新潟県では，小中交流人事がほとんどありません。ですから，結果として，中学1年生を必要以上に子ども扱いしてしまうことがあります。しかし彼らは，数日前までは「最上級生」だったのです。

中学1年生に7年生として接する

　そうやって「よし，しっかりやろう」「きちんとしなくては」という彼らのプライドに火をつけます。ここからは学年主任の出番です。私がこれまでもっとも長く共に学年部をつくってきたY先生は，次のように語ります。

> 「A中学校にようこそ。今日からみなさんは，A中学校の一員です。早速ですが，みなさんにテストをします。今から先生が「全員，起立」と言います。全員の音が一つになれば成功です。(課題の確認)
> 　先生はこれまで何回も1年生を担当しましたが，これが一発でできた学年はなかなかありません。難しいですよ。これができたら，みなさんは『スーパー1年生』です。(目的の共有)」

　最初はばらばらになります。早すぎる子，遅れる子，指示自体がわかっていない子など，緊張した顔で子どもたちはがんばろうとします。

> 「ヒントを出しましょうか。先生の「全員」の言葉で右手をおしりの横につきます。「起立」でサッと立ちます。(取り組みの焦点化)」

　数回練習をします。確実にうまくなり，音がどんどん一つになることを子どもたち自身が体験します。音が一つになったところで称賛します。

> 「すばらしい！さすが7年生。あなたたちはスーパー1年生です。拍手！(成功体験の共有)」

　学級メンバーとの出会いの初日。子どもたちには「何だかがんばれそうだ」という安心感を，そして保護者には学校に対する信頼感を高めるのです。

入学式当日

1 教室環境を点検する

☐机とイスは人数分あるか。
☐受付名簿に名前の漏れ落ちはないか。
☐机とイスに埃はついていないか。
☐教室の隅にゴミや埃は落ちていないか（最初の学活で保護者が立つ場所）。
☐机の上の教科書は，全員同じ並びになっているか（9教科分を確認）。
☐どこに座ればいいかを明示してあるか（机に名札，または黒板掲示）。

2 教室で入学式の練習

　子どもたちが全員座ったら，黒板に名前を書き，自己紹介をします。このとき，私は名前だけを示します。子どもたちの関心は「担任がどんな人か」よりも「入学式で失敗をしない」ことにあるからです。すぐに入学式の練習をします。

(1) 式の流れの確認

　廊下に名簿順に整列する⇒体育館に入ったら卒業式と同じように胸を張って行進する⇒列ごとに奥から詰めてイスの前に立つ⇒先生を見る⇒先生が合図をしたらみんな同時に座る⇒前に出た人（校長，PTA会長，生徒会長など）が礼をしたら，全員一緒に座礼する⇒退場する

　行動順にイメージをもたせながら指示します。説明が終わったら，その場で実際に入場の真似をして，着席のタイミングを練習させます。座り方と座礼については卒業式で何度も練習済みですから，手の位置や礼のタイミングを数回練習するだけとします。

(2) 呼名練習

卒業式でたっぷりと練習してきた子どもたちです。私はこう言います。

> 「卒業式で自分が出した声で、返事をして下さいね。
> 卒業式のときの返事に後悔が残っている人は、今日がチャンスです。
> 後ろにいるあなたのお家の方が聞いていて嬉しくなるような、自信満々の返事をしましょう」

「お父さんお母さん」とは言わず「お家の方」と言います。いろいろな家庭があるからです。呼名練習は、次の手順で行います。

〈全員で返事〉
・「先生の合図で返事をして立ちます。せーの！」全員「はい」。
・「「はい」の後ろに小さい「っ」を入れます。せーの！」全員「はいっ！」。
できている部分を認めながら、これを数回繰り返します。

〈個人で返事〉
・「名簿順に一人ずつ名前を呼びます。返事をして立ちます。荒川タクト！」
「はいっ！」
副担任がいる場合は、子どもたちを半分に分けて練習機会を増やします。

(3) 困ったときの対応を教える

入学式は１年生にとって緊張を強いられるものです。突然具合が悪くなったり、腹が痛くなったりする子もいます。こう指示します。

> 「入学式は緊張するよね。トイレに行きたくなったり、具合が悪くなったりしたら、左側を見て手を挙げましょう。岡田先生はずっとあなたたちを見ていますから、すぐに助けに向かいます。
> もしもあなたの隣の人が手を挙げられないくらい具合が悪くなったらどうしますか。そうだね、その近くにいる人が手を挙げればいいですね。
> 困ったら手を挙げる。よろしいですね」

3 入学式直後　保護者が見ている初めての学活

　教室に戻った子どもたち。保護者も教室後ろで見ている初めての学活です。私がこの時間に伝えるメッセージはこれです。

子どもに：「明日も元気に学校に来てね」
保護者に：「大切なお子さんを確かにお預かりしました」

1　「楽しそうな先生」だと思わせる

　「中学校は厳しいところ」というイメージをもって登校してくる子が多いです。出会いの１時間は，徹底的に安心感の醸成に努めます。
　「頭を動かさずにきちんとできました。座礼がみんなしっかりそろっていました。名前を呼ばれて，大きな返事ができました」
　「さすがは７年生。先生，感動しましたよ」
　入学式での子どもたちのよさを具体的に認めていきます。この段階で子どもたちは担任の名前しか知りません。楽しく，そして，少し詳しく自己紹介をします。

【例】折り句を用いた自己紹介
　　お　おかしのアンドーナツが大好きで
　　か　肩こりに悩む40歳
　　だ　誰よりもあなたのそばにいる先生，岡田敏哉です

【例】ユーモアを交えた自己紹介
　　今年１年間，みなさんの学級担任をする岡田敏哉です。見た目はおじさん。中身はジブリアニメで号泣してしまう純粋な心の持ち主です。得意技は背負い投げと，朝の太陽よりも早く起きること。現在，伸び盛りのナイスミドルです。どうぞ，よろしくね。

2 保護者への第一印象を意識する

「担任は当たりか,外れか」保護者はそんな意識で教師を見る時代です。この1時間の印象が,ママ友同士のSNSグループの中でやりとりされると考えたほうがいいでしょう。
・清潔感のある服装　・口角を上げる　・終始笑顔で
・教室の真ん中で隅々まで目線を配る
　担任が何を言うかよりも,どうあるかを見られます。時間の終わりに保護者への連絡と所信表明をします。

> 　「縁あってみなさまのお子さんの担任になりました。どうぞよろしくお願いいたします。4月は提出いただくものがたくさんございます。保健関係のものとそうでないものも含めて○つです。締め切りはすべて4月○日となっています。年度初めのお忙しいところですが,ご協力をお願いします。
> 　義務教育最後の3年間が始まります。お子さんが大人に近づくための大切な1年と心得て,お子さんの成長のために全力を尽くします。本日,大切なお子さんを確かにお預かりしました」

　長い話は必要ありません。自分が大切にしたいことを端的に伝えます。教室後ろにいる保護者一人ひとりと目を合わせながら伝えます。「担任はしっかりした先生だ」という印象をもち帰ってもらうのです。そのためには,話の内容以上に,声のトーン,話すときの表情,言葉と言葉の間など,ノンバーバルな部分が重要です。
　私は今でも前日に鏡の前で練習をします。担任にとっての初舞台ですから,稽古は欠かすことはできません。誠意をもって伝えましょう。

学級開き〜最初の1週間

1 ルールづくり　安心安全の土台をつくる

　2学級以上ある学年の場合には，学年集会でスタートを切ります。遅くとも2日目には学年集会をもつべきです。なぜなら，

> ここでのルール設定が，3年間の秩序安定の土台となる

からです。学級ごとにルールを設定するよりも，学年の生徒指導担当が学年の生徒全員に向けてルールを説明したほうが得策です。そうでなくては，「A先生は言うけど，B先生は言わない」という言い訳を与えることになりかねません。

　一人の口で学年全員に周知し，各担任が生徒の行動を強化していく。このプロセスが，ルール定着には必要なのです。私が1年生を担任するとき，4月初めに学年全体に指導することを紹介します。

> ① 時を守り　場を清め　礼を正す
> ② 人を傷つけない　物の目的を超えない　自分を傷つけない

　①は，森信三氏の「職場再建の3原則」です。学校のほとんどの時間は授業時間です。授業の始まりの時間を守ること。教室環境を整えること。学ぶ者としての態度をきちんとすることについて指導します。

　②はトラブルを最小限におさえるためのルールです。いじめの防止と器物破損の抑止に使います。最後の「自分を傷つけない」は，自傷行為などの防止という点の他に，「自分の可能性を台無しにしない」という意味を込めています。思春期の子どもたちです。自分の欠点ばかりが目に付く子もいます。「あなたはダメじゃない。自分をダメにするな」という願いを込めます。

2 システムづくり　自治的集団への第一歩

　一般的に，次のような役割分担が必要になります。かつての勤務校では，次のようにシステムを統一していました。

役割	システム
日直	男女ペアで1日交代。
清掃当番	2班に分けて2週間交代で行う。仕事内容は輪番で行う。
給食当番	1週間交代で行う。当番の給食は次週の当番が配膳する。
係活動	生活班（6人程度）で1つの係を担当する。 環境整備係，集配係，連絡黒板係，庶務係，教科連絡係A（主に5教科を担当），教科連絡係B（主に技能教科を担当）
席替え	全員が日直を2回担当したら行う。

　学校全体でシステムが統一されているところもあれば，学級の裁量に任されているところもあるでしょう。学校の規模にも左右されると思います。しかし，複数の学級で学年部を組織している場合には，

　1年生の学級システムは，すべての学級でシステムを統一するべき

です。学級編成をする2年生最初の混乱を最小限にするためです。
　1年生とは，1年後の解散を前提にした集団なのです。1年後に「前の担任は○○させてくれた」「前のクラスでは△△だった」を言わせないようにします。学級の独自性を出すのは2年生からとします。
　ここでのルール設定が，3年間の秩序安定の土台となるのです。

3 関係づくり　生徒同士をつなげる

　みなさんは関係づくりのために，最初に何をしますか。みんなで遊びますか？構成的グループエンカウンターをしますか？私は，まずはこれをします。

　隣の人の名前を覚え，生活班（5～6人）のメンバーの名前を覚える

そのために係活動の役割分担表を活用します。班ポスターを作製する方もいると思いますが，それは教室の装飾の部分ですので，後から生徒の手で作っていけばいいのです。まずは，係の活動で「誰が」「何曜日に」「何を」するのかを明確にして，フルネームで名前を書くこと。そして，班メンバー全員の名前を全員が見ること。これを生活班で掲示物にさせます。

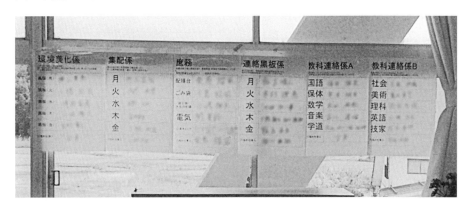

次のように指示します。

> 「これから係分担表をつくります。生活班になります。机を動かしましょう。そうですね，机は1mmも離さない。大事なポイントです。ありがとう。では，ジャンケンをして。1番に勝った人は手を挙げます。
> 　その人は先生のところに来て下さい。（係の表とマジックを渡す）
> 　今からその表に名前を入れていきます。昨日，簡単に自己紹介はしましたが，まだお互いの名前がわからない人もいますね。今日，みんなにしてほしいことは2つです。
> 　1　生活班の人の名前の，漢字と読み方を覚える。
> 　2　自分が何曜日に何をするのかを覚える。
> 　この表は1学期間ずっと掲示して，日直が毎朝の朝学活で係の確認をします。「今日の黒板係は〇〇さんです」というふうにね。だから，書き方に2つ注意点があります。

1　マスいっぱいに大きく書く
　2　これまでの人生で一番丁寧に書く
では，相談しましょう。どうぞ」

　大きな掲示にすることで，教科担任にも係分担が一目瞭然になります。ですから，授業者が教室に行って前時の板書がまだ残っていれば「今日の黒板係は誰ですか？」ではなく，「月曜日は○○さんでしょ。はい，消す」と端的な指示になります。

　中学校の担任は小学校とは違い，いつも教室にいることはできません。ですから教科担任に上のような対応をしてもらうことで，学級のシステムをより強固にしていくのです。そのための工夫が「大きな掲示」なのです。

4　関わらせる＆リーダーを「見える化」する

　4月に子ども同士に関わりが生まれるゲームやワークをする担任は多いでしょう。私の毎年のネタとその目的は次の通りです。

(1)　子ども同士の関係をつくるゲーム

名前	内容
バースデーライン	言葉は出さずに誕生日順に列をつくる。1月1日が先頭。誕生日が同じ場合はどちらが前でもよい。
7・11ジャンケン	片手で指を出しながらジャンケン。2人の指の数が7になったら成功。ハイタッチ。慣れてきたら両手で行い，指の本数が7か11になったらハイタッチ。
ペンの架け橋	ペンを相手との間に置き，人差し指の先だけでペンに触れてそれを肩の高さまで持ち上げる。慣れてきたら4人（6人）で4本（6本）のペンを持ち上げる。

　ゲームを複数行う場合の基本的な流れは，非言語的な活動⇒言語的な活動⇒身体接触を伴う活動の順番です。お互いの関係性があまりない状態でいき

なり「さあ，肩を組んで円陣をつくろう」と言われたら，大人でも困惑します。多汗症で手をつなぐのが苦手な子もいます。体臭が気になっている子もいます。身体接触を伴うゲームを中学生にやらせる場合には，前記のような手順を踏むのが丁寧な指導なのです。

どのゲームにおいても，最後に子どもたちに問います。

> 「ゲームをしてみて，『嬉しいなあ』『いいなあ』『ありがとうと伝えたい』と思ったのは，誰のどんな言葉や行動でしたか」

子どもたちを身体的に近づける効果が高い学級ワークがたくさんあります。多くの書籍で紹介されています。その効果を「心理的距離を近づけさせる」ために活用するのです。そのためには，上記のような問いと言葉によるコミュニケーションが必要なのです。ゲームは効果的に使いましょう。

(2) リーダーを見える化するゲーム

初めの1週間で，学級委員や専門委員などを決めなくてはなりません。子どもたちはまだ，お互いのことを知りません。複数の小学校から生徒が集まってくる学校ならば，放っておけば大規模小学校でリーダー経験のある子が，そのまま学級のリーダーになることも少なくありません。私はあえて負荷が高めのゲームをさせて，子どものもつリーダー性を可視化します。

名前	内容
数集まり	教師が手を叩いた数の人で集まる（4回なら4人で集まる）。集まったらそのメンバーの共通点を話し合う。
手拍子インパルス	1人1回手を叩き，手拍子をリレーしていく。全員が叩き終わるまでのタイムを短縮していく。

| ネームコール | 自分以外の誰かの名前を言ったら着席。全員の名前がコールされるまでのタイムを短縮していく。 |

端的にゲームの進め方とゴールを説明し，じーっと子どもの動きを見ます。私は次の観点で集団を見ています。

・孤立する子を気にしている子は誰か。
・孤立した子に声をかける子は誰か。
・全体に改善策を提案した子は誰か。
・提案に対して最初に反応して動いた子は誰か。
・最初に拍手をした子は誰か。

この観点に当てはまる動きをした子どもを，全体の前で紹介します。

> 「先生は今，黙ってみなさんを見ていました。今，すごく嬉しい気持ちでいます。Ａさんがね，自分の役が終わった後もずっと周囲を気にしていたんだ。自分だけじゃなく，周りのみんなの幸せを考えられる人。先生は大好きです。Ａさんに大きな拍手！」

このようにして，子どもたちにリーダーを認識させていきます。数回行っていくと，この子どもたちに感化されて模倣が起こります。教室に温かな雰囲気がつくられていきます。そのきっかけをつくっている生徒をフルネームで紹介し，リーダーを可視化していきます。

このような事実に基づいた語りを４月に多く入れると，次のメリットがあります。

① リーダー性のある生徒の名前を共通理解できる
② 担任の価値観を共有できる

「この先生はこういうことを喜ぶ人なんだ」「こういうことに対して怒るんだ」と，担任の喜怒哀楽のラインが子どもたちと共通理解できると，それに沿った言動をする子が増えてきます。「何をさせるか」以上に，「何を感じるか」を大切にします。

5 最初の1か月でルールとシステムを定着させる

1 ルールづくり　具体的行為行動の指示

最初の1か月間に構築するのは,

> 誤った人間関係づくりをさせないためのルールづくり

です。4月当初に子どもたちに示したのは大枠のみです。「時を守り　場を清め　礼を正す」「人を傷つけない　物の目的を超えない　自分を傷つけない」の2つでした。その詳細を示しながら,共通の行動様式を定着させていきます。キーワードは「安心安全」です。

1か月も経つと,子ども同士に新しい人間関係が広がってきます。そこで生まれるのが「誤った人間関係づくり」の仕方です。

人にちょっかいを出して,相手とつながろうとする子がいます。第三者の悪口を一緒に言って,相手とつながろうとする子がいます。公衆の面前でヒソヒソ話をして秘密を共有することで,相手とつながろうとする子がいます。粗暴な行動をして自分の優位性をアピールする子がいます。

ルールの提示は先に述べたように,学級単独で行うよりも学年全体で行うほうがよいでしょう。学級による温度差をなくすためです。右図のように具体的に指導します。ルールを先出ししておくことで,逸脱した行動の修正が簡単になります。生徒指導場面の基本的な流れは,

> ① 事実を確認する
> ② 自分の過ちを認めさせる
> ③ 行動改善の具体を一緒に考える

の3段階です。ルールを先出ししておくことで,指導が簡単になります。ル

ール違反があったとき，子どもを呼び，一緒に下図を見ながら「ねっ，そう書いてあるでしょ」という指導で済みます。

みんなが安心して生活できる○○中学校にするために

ルール
- 時を守り　場を清め　礼を正す
- 命を大切にする
- 人を傷つけない
- 物の目的を超えない
- 自分を傷つけない

完全排除

してはいけないこと	理由・価値
暴力禁止	暴力があるところに教育は成立しない
ズボン下ろし禁止	人権侵害行為
「うざい」禁止	人権侵害行為
「きもい」禁止	人権侵害行為
「死ね」禁止	人権侵害行為
目上の人へのため口禁止	社会人としての標準装備
公衆の面前で髪をくしでとかさない	社会人としての標準装備

	してはいけないこと	理由・価値
登校	片方の肩にかばんを担がない	白かばんは両肩にかつぐ
	白かばんは手持ちしない	サブバッグがあれば手で持つ
授業	1分前着席　チャイムスタートを崩さない	人は音ではなく，時計で動く
	授業中にトイレに行かない	10分休みはトイレのためにもある
	イスの脚を浮かせて座らない	腰を立てて座る
	物の貸し借りはしない（教科書，文房具）	それはあなたの物じゃなく，親の物
移動教室	サイレントゾーンでは音をたてない	電話を邪魔しないくらいの忍者歩き
	音楽堂への移動は職員室前を通らない	技術室前廊下を使う
10分休み	他の教室には行かない	自分の教室で過ごす
	廊下に座らない	地べたに座るほど老いぼれるな
昼休み	トイレにたまらない	お話はトイレの外で
	廊下で鬼ごっこをしない	鬼ごっこはグラウンドでする
	教室内を走り回らない	グラウンドを猛ダッシュ
	教室内，廊下で物を投げない	グラウンドで遠投
	窓から出入りしない	どろぼうか！
	プロレスごっこ禁止	腕相撲，指相撲で勝負
	肩パンチ禁止	腕相撲，指相撲で勝負
	ロッカーの中に入らない	エスパーか！
	前庭で走り回らない	前庭では座って青春，語り合う
	廊下に座らない	地べたに座るほど老いぼれるな
給食	固形の物を個人交渉でやりとりしない	ジャンケン大会で勝負
清掃	掃除担当の友だちを待たない	自分の活動場所へすぐに動く
帰りの会	一日の終わりに心乱さない	振り返りを書きながら，チャイムを聞く
その他	内ばきで音を出さない	異質な音は集団の空気を壊す
	人前でヒソヒソ話をしない	傍若無人な態度は集団の空気を壊す

2 システムづくり 「担任不要」のシステムを構築する

　システムにはメンテナンスが必要です。最初の1か月で,

学級担任がいなくても学級が動くシステム

を確立します。係活動や当番などのシステムは,最初の1週間である程度構築されていますから,1か月間をかけて,そのメンテナンスを細かく行い,システムとして定着させます。

〈メンテナンスのポイント〉

・動くべきところで,担当生徒がきちんと動いているか。
・欠席者がいて当番不在の日に,班内でそれを補う動きができているか。
・担任以外の教師も,当番をすぐに確認できるようになっているか。

　それらの観点でチェックをかけ続けます。この時期に私が子どもたちに伝えるのは,こんな話です。

> 「学級担任としての私の最大の仕事はね,私を必要としない集団をつくることなんだよ。みなさんは先生がいないとダメなクラスになりたいですか。それとも先生がいなくても大丈夫なクラスになりたいですか。7年生。答えはハッキリしていますね」

　学級活動の内容について,学習指導要領にはこう書かれています。

第5章　第2〔学級活動〕
(1)　学級や学校の生活づくり
　　ア　学級や学校における生活上の諸問題の解決
　　イ　学級内の組織づくりや仕事の分担処理
　　ウ　学校における多様な集団の生活の向上

　イを達成するのが,ここで述べたシステムづくりとそのメンテナンスの目的です。自治的集団づくりの入り口だと言えます。

3 関係づくり　話し合い活動の導入

　ここまで述べたルールとシステムは，学級集団のフレームづくりとも言えるでしょう。田んぼの畦をつくる作業に似ています。おいしいお米をつくるには，畦をつくり土壌を肥沃なものに変えていく必要があります。集団の型をつくったら，次は質を変えていくのです。私はこの時期に話し合い活動の基礎をつくります。それにより，子ども同士の関係性の質を高めます。

(1) クラス会議を始める

　クラス会議とは話し合い活動の一つの形態です。学習指導要領解説で，話し合いの重要性が指摘されています。

> 様々な考え方をもった学級の成員がそれぞれの意見を出し合い，相互に尊重し合いながら，最終的には学級としての意見をまとめていかなければ集団としてよりよい生活を築いていくことはできない。(中略) それぞれの問題に関して，生徒が自分自身の考えを率直に述べられるような配慮が大切であり，学級の一員として集団全体の合意を作り上げる活動を充実していくことが求められる。(下線は筆者)
> 　　　　(中学校学習指導要領解説　特別活動編　第3章4(2)　平成20年7月)

　年度初めには，学級で合意形成するべきことが多くあります。その最たるものが学級目標です。自分たちの集団としてのゴール地点を決める活動を通してクラス会議を導入します。クラス会議の基本形は，参加者全員が輪になって座る対面型の配置です。まずはその形を覚えさせます。

> 「これからクラス会議をします。みなさん，机を前に移動させてイスだけを持って大きな輪をつくりましょう。
> 　あれ？参加していない人がいるよ。

> 今日は学校を休んだＡ君も話し合いに入れよう。だってクラス会議は，みんなが自分たちの生活をよくしていくためのものだから，全員参加が基本です。
> （Ａ君のイスを運んで輪に入れるＢ男）
> 　みんな，勇者Ｂ君に大きな拍手！Ｂ君，ありがとう。
> 　何だか輪がグニャグニャしていますね。きれいな輪になれますか？
> 　そうですね。動いてくれてありがとう。
> 　きれいな輪になると，全員が等しい距離にいることがわかりますね。この場では一人ひとりの言葉が同じ力をもつのです。だから，きれいな輪になって話し合いましょうね」

　初回に子どもたちに共有させるべき価値は，

対等性

です。小学校６年間で，人間関係はある程度固定化していることが多いです。立場の上下関係もあるかもしれません。それをこの場ではリセットさせます。そうしなくては，「声の大きな人が有利」という話し合いになります。全員の言葉が同じ程度の強さをもつことを印象づけます。

　何も指示をせずに輪にならせると，男子と女子がきっちり分かれて輪になることが多いです。そこで彼らに問います。

> 「あなたたちは男女が別々のクラスになりたいですか。それとも男女関係なく関われるクラスになりたいですか」

　多くの場合，子どもたちは後者を選びます。そこで並び替えをさせます。楽しくしかもランダムに並び替えさせるために，私は「何でもバスケット」をして並び替えをさせたり，生活班ごとに並び替えをさせたりします。こうして，クラス会議において教師が大切にしている「対等性」という価値感を，生徒たちと共有するのです。

(2) クラス会議の名前を決める

　最初のテーマは『クラス会議の名前を決める』と設定します。クラス会議を小学校で経験してきた子どもがいれば，どんな話し合いをしてきたかを話させます。もしいなければ，クラス会議が「自分たちで自分たちの生活をよくしていくための話し合い」の場であることを，教師が教えます。クラス会議の意義を理解させてから，子どもたちが愛着をもてるネーミングを決めさせます。初めてのことですから，司会と板書は教師が行います。

　ア　個人でネーミングの候補を考える。
　イ　輪番発言でネーミングの候補を発表する⇒板書。
　ウ　それぞれの候補について賛成意見と心配なところを発言させる。
　エ　合意に向けて板書された候補案を訂正したり，合体させたりする。
　オ　多数決で自分たちの納得解をつくり出す。

　私の学級では，みんなが力を出し合う「アンパンマンタイム」や，回を重ねるごとに成長する願いを込めた「１up会合」などの名前に決まりました。
　『クラス会議の名前を決める』の最後で，子どもたちに教えるのは，

限られた時間に限られたメンバーで，自分たちの納得解をつくる価値

です。

> 「授業で学ぶことには，だいたい正解がありますね。そのほとんどは教科書に書いてあります。先人たちの知恵を学ぶことは，後世を生きる私たちの義務です。
> 　でもね，世の中には正解がないことのほうが多いのです。家族旅行でどこに行くか。どの会社で働くか。正解はないですね。あるのはその場にいるメンバーがお互いに納得できる『納得解』だけです。それをつくる練習をしていこうね」

　こうして解のない問に対して，自分たちで合意形成することの大切さを教えるのです。

(3) 学級目標に入れたい言葉を出し合う

　学級目標決めの前段階です。私は，この段階では輪にならず４人組の話し合いをします。ホワイトボードを使ったブレーンストーミングです。意見の拡散が目的なので，発話量が増えやすい４人班を使います。座席順につくる４人班です。

　　ア　「学級目標に入れたい言葉」とテーマを板書する。
　　イ　テーマについて自分の考えをまとめる。
　　ウ　４人班でジャンケンし，１番に勝った人が書きながら話す。
　　エ　時計回り順で各自が，自分の考えを書きながら話す。
　　オ　意見が出尽くしたら，自由に他の班の意見を見に行く。
　　カ　もとの４人組で座り，班としての意見をまとめる。その際，他の班の
　　　　意見を取り入れてもよい。

　そこで出たたくさんの意見を模造紙１枚にまとめます。これが次回のクラス会議の議題である「学級目標を決めよう」の元ネタになります。

　このあたりの詳細は『最高のチームを育てる学級目標作成マニュアル＆活用アイデア』(明治図書，2015) に記しました。ご覧いただければ幸いです。

(4) クラス会議で学級目標を決める

　私はここ数年，初めての授業参観にこの時間をあてます。教師がコントロールできない部分が多いため，不安は尽きませんが，この日のために教師の思いを何度も語り，子どもたちの力を信じて任せる1時間にしています。
　以下は，ある年の学級便りです。

「学級目標を決めよう」

　4月23日（土）5時間目。たくさんの保護者の方に参観いただきながら，6組クラス会議「1up会合」を行いました。この日のテーマは「学級目標を決める」でした。
　主司会はOさん。副司会はFさん。書記はGさんと助っ人のKさん。
　Oさん「事前の班長会でキーワードをしぼりました。それが『団結』『big smile』『平等公平』『we can 1up』『共存力（ともにあるチカラ）』の5つです」
　5つのキーワードについて，全体に賛成意見と心配なところの指摘がなされ，個人の意見表明へ。全員が自分の意見を根拠とともに述べていきます。人に流されている人はゼロ。その証拠が，発言内容がコロコロと変わる輪番発言。

> 主体的に考え，主体的に意見する。

　声の大きい人の意見で話し合いが進むのではなく，全員の意見が対等な力をもつ話し合い。みんなの話し合いを進める姿に圧倒されました。
　司会のOさんは畳みかけました。
　「先ほど，『協力』と『共存力』が似ているという話が出ていました。これをくっつけます。何かアイデアはありませんか？」
　しばらくの隣近所との相談タイム。Mさんはつぶやきました。
　「協力の『協』って，どういう意味だっけ？」
　「力を合わせるみたいな？」
　Mさんが挙手発言。

「『協』と『共』は似ているので、『共存力』を『協存力』にしたらいいと思います」
　メンバーは大きな拍手。みんなの共感を呼ぶナイス提案でした。
　Oさんは意見の収束に入りました。
「では、学級目標にふさわしいと思うものを発表して下さい」

　輪番発言。男子に人気なのは「団結＋we can 1 up」。女子に人気なのは「協存力＋we can 1 up」。
　輪番発言の最後。Fさんが言いました。
「団結の団は、団子の団……」
　一同、顔に？？？？？？？　Fさんは持論を展開。
「団子は柔らかくて、それぞれがくっついていて、だけどそこに串となる硬いものがある。えーと……」
　助っ人Wさん。「絆？」
　Fさんすかさず、
「そう、絆。団子のみんなを絆が貫いているってことで」
　笑いの中にも、不思議な説得力がありました。
　ここに6組の生活目標が決まりました。

we can 1 up　団結＋協存力

　英語教師の岡田としては、動詞がない英文は認められないので、今後詰めていきますけど。

他者と折り合うチカラ

　この日は話し合いという「形」ではなく，みんなの話し合いの「質」に圧倒されました。
・対等な立場を保ちながら話した。
・「聞いているよ」と態度で示した。
・輪番発言で，パスが一つもなく持論を述べた。
・対立意見を収束させて，50分以内で自分たちの納得解をつくった。

> 限られたメンバーで，限られた時間で，
> 自分たちの納得解を出し続けようとする姿勢。

　ここがこの日，もっとも岡田の心に突き刺さった事実。50分の授業参観。岡田は6組のみんなの潜在能力に圧倒されて，2分も話せませんでした。そして，1つ決めました。
　「この人たちを1年間大切にしていこう」と。
　あなたたちには1upしていく力がある。みんなで一緒に強くなっていこう。

　集団で合意をつくる。最初の段階は楽しい議題で行います。その先に見据えているのは，これから噴出するであろう様々なトラブルへの解決策を，自分たちで出し続けられる集団づくりです。学習指導要領の学級活動の内容「ア　学級や学校における生活上の諸問題の解決」に当たります。
　トラブルがない集団ではなく，トラブルに強い集団をつくっていく序章。それがクラス会議導入の意義なのです。

学級懇談会　初めての保護者との語らい

　4月後半には，授業参観を実施する学校は多いと思います。授業内容は教科指導であったり，学級活動であったり様々でしょう。間違いなく実施されるのは，学級ごとの懇談会だと思います。入学式では，PTA役員決めなどでゆっくり話をする時間もとれません。保護者との初めての語らいの場です。

　私は次のことに注意して，学級懇談会を行います。

留意点	内容
身なり	清潔感を与える服装（私はYシャツは白と決めています）
表情	口角を上げる　終始笑顔を心がける
担任の個人情報	趣味，家族，クスッと笑わせる内容がベター
子どもへの愛	2週間の間に見えた子どもたちのよさを，具体的なエピソードで紹介
今後の保護者とのつながり方	学級便りを出す曜日 心配なことがあったときの学校への連絡方法

　親の関心は「中学校の担任はどんな人か？」の一点です。明るい自己紹介を心がけます。そして自分の子どもたちへの愛を，言葉や便りで伝えます。

　ちなみに，私が笑いをとる鉄板ネタは「手打ち蕎麦屋の息子なのに，そば粉の粉塵で呼吸困難になります。ですから，年末の大繁盛の時期は毎年毎年まさに『死にもの狂い』」というエピソードです。

　その場で何をするべきか，何をするべきではないか。私は学年部の若い方々向けに，こんなプリント（次ページ）を配布しています。

　全体の話は簡潔にして，終了時間は厳守します。そして，個別に話がある方のためにしっかりと時間をとりたいものです。

学級懇談会　30分間　　こんなふうにしたらどうでしょうか？

1　担任自己紹介

　経歴，担当教科，得意技，人間味あふれる個人情報をどんどん出しましょう。S先生はラグビーネタですね！

<u>注意点！</u>

　このときの印象が，奥様ライングループに回り，他の学級の保護者にも「あの先生はこうだった」という情報として伝わります。ですから，基本は big smile です。

2　保護者自己紹介

　「〇〇の母です」だけだとつまらないので，何かとセットにしましょう。

- ・お子さんの中学生になってからの様子
- ・うちの子の「強み」
- ・うちの子，小さいときはこんな子でした
- ・わが子に期待すること

<u>注意点！</u>

　「学校への要望」は NG です。それは個別に聞く内容であり，全体の前で出させるものではありません。岡田はそれをやって懇談会がドーンと暗くなったことがあります。

3　子育てする上での悩み～先輩母さん，教えて下さい～

　保護者同士の意見交換　過去に上の子を担任した方，部活動でつながりのある方が保護者の中にいたら，全面的に「先輩お母さん」として頼りましょう。

　終了時間厳守でいきましょう。みんな予定がありますから。

　保護者が笑顔で帰ってくれるといいですね！

「魔の6月」に備える

> **キーワード** 魔の6月　いじめ　先輩へのあこがれ
> いじめと問題行動が表出する時期です。慣れが「だれ」になったり，子どもたちの関心が，仲間からどう思われているかに強く引きつけられる頃です。

　6月は，中学校体育連盟主催の部活動の大会が始まり，壮行会や激励会が行われ，3年生にとっての最後の夏が始まります。大会の合間には1学期定期テストが行われ，1学期の成績をつける仕事も始めなくてはなりません。学級担任にとって非常に忙しい時期になります。

　しかし，それ以上に気を配らなければならないことがあります。下図は，ある県における月ごとのいじめ認知被害者数です。

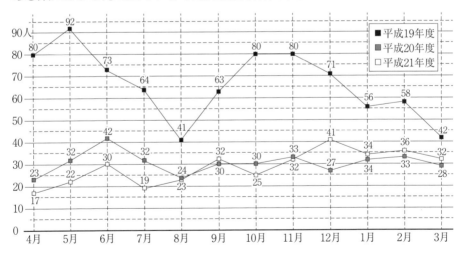

　いじめのピークが平成19年は5月に，平成20年は6月に来ています。そして，平成21年でも同じような推移を示しています。いじめが起きやすい6月。いじめが起きる雰囲気が集団にあるとすれば，学級集団内のルールや秩序が

乱れていることが予想されます。そうであるとすれば，いじめだけでなく，生徒指導上の問題行動が起こりやすい時期とも言えるでしょう。

魔の６月

の始まりです。学級担任はこれまでの２か月間で，学級を組織することに全力を傾けてきたはずです。それが前章で述べた「ルールづくり　システムづくり　関係づくり」の３点でした。私たち教師は思います。「子どもたちは緊張の４月を経験し，慣れて軌道に乗ってくる５月を経て，成長の６月に入るはずだ」と。

しかし，現実は違います。学級という組織のフレームが固まり，互いの人間関係ができてくるからこそ，トラブルが生まれる時期なのです。

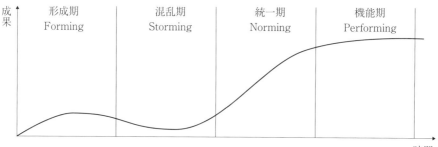

成果を上げる集団の組織過程を示したものに「タックマンモデル」があります。集団には必ず「混乱期」が訪れるという考え方です。学級づくりにおいては，この混乱期が５月～６月に当たると考えます。

「魔の６月」。ここをいかに素早く通り抜けるか。また，トラブルを成長のステップに変えられるかが，今後の学級経営に大きな影響を与えます。本章では，いじめ指導と問題行動への対応に焦点を当て，その対応について述べます。後半では，この時期特有のテストと部活動への取り組みについて紹介します。

関係づくりの点検
いじめのリスクが高まる6月

　人間関係づくりが一段落して，不適切な関係づくりが始まるのがこの時期です。ここまでの期間で，人間関係に関係性の濃淡が出てきます。同じ小学校出身者グループ，部活動のグループ，好きなものや趣味が同じグループ，SNS上のつながりグループなどです。グループができるということは，そこに必然的に生まれるものがあります。それが，

同調圧力と排他性

です。同じグループに「みんなと同じ」であることを求めます。一緒にトイレに行く，同じ小物をもつなどがその例です。これが同調圧力です。そして，「同じ」を求めるからこそ，「違い」に不寛容になります。これが排他性です。この同調圧力と排他性が，「いじめ」という形で表れるのがこの時期です。

1　いじめの予防

(1)　人間関係のトラブルを察知しやすくする

①　アンケート類の定期的な実施

　定期的ないじめに関するアンケートを実施している学校は多いでしょう。私が勤務した学校でも，月末に全校一斉のアンケートを実施していました。いじめに限らず，そのときに自分が感じている困りごとを担任に告白するためのものです。いじめがあったときにアンケートをするのではなく，いじめがないときにアンケートをしておくことが，小さな火を小さなうちに消し止めるコツです。

②　教師と個々の生徒の関係づくり

　生活ノートを毎日集めて，コメントのやりとりをします。生活ノートは，子どもと個人的なつながりをつくる大事なツールです。中学校の学級担任は，

小学校の担任ほど長い時間教室にいられません。個別の情報交換を密にして，常に「先生は私に関心をもってくれている」と感じさせます。

③ 授業で生徒同士を関わらせる

学校生活の大半は授業です。担任が学活や道徳を使って，いじめ予防の取り組みをするだけでなく，教科の授業をいじめ予防に使います。そのために，授業における生徒同士の関わりの時間を増やします。関わりが増えるとトラブルが見えやすくなります。つまり，生徒指導場面を「見える化」するのです。私は英語科教師ですので，次のような関わりを取り入れ，以下のポイントで指導します。

関わり場面	いじめ指導のポイント
英単語の インプット	ペアで行う音声による英単語の反復練習。相手に声が届くように，相手のほうに体を向けて行う。 ＊体がきちんと向かい合っているか。
教科書本文 の意味理解	４人グループで本文内容を理解する活動。 ＊机を１mmも離さずにつけているか。
文法練習	プリントを使った個人練習。個別に採点をする。早く正解した生徒は，教師と一緒に机間巡視しながら採点を行う。 ＊採点してほしい生徒が，自分から「○付けして」と声を出しているか。 ＊採点役は男女分け隔てなく，採点をしているか。

学活も道徳も週に１時間です。しかし，英語の授業は週に４時間あります。そこで，英語の知識と技能を身につけさせるのはもちろん重要ですが，学級担任として彼らに「何を学ぶか」は大切だけれど，「どうやってそれを学ぶか」も大切だということを教えます。

学校は集団教育の場です。自分を大切にし，相手も大切にできる生徒にしなくては，関わり合いは傷つけ合いになってしまいます。いじめ予防に授業の時間を活用するのです。１日の大半を占める授業で，隣の人を大切にし，周りの人を大切にし，学級の仲間を大切にすることを教えていきます。

(2) 教師の認識と子どもの認識をそろえる
① 「いじめは人を殺すのです」

6月までに，道徳の時間にいじめで自死した子どもたちの遺書を紹介します。いじめがないときに，いじめの最悪の末路を見せておくのです。いじめを軽く考えている子もいます。命に対する考え方も様々です。いじめについては，教師の考えをしっかりと「押しつけ」ます。

> 「いじめは人を殺すのです」

私たち教師の一番重要な責任は，子どもの命を守ることです。よい学級をつくることや学力を保証することは，その枝葉の部分でしかありません。

② 一人で動ける「強い人」になる

学校ほど人間関係から逃げられない場所はありません。いつも近くに人がいて，一人になれる場所はほとんどありません。同年代の他者への依存度が高まる思春期の子どもたちの中で，一人で行動することができる子，そして，時と場面に応じて誰とでも協力できる子を高く評価します。

> 「みなさんはどんな人を「強い人」だと考えますか？私は『一人でもできるし，みんなでもできる人』だと思っています。あなたたちはいつも協力や団結みたいなことを求められますね。でもそれは「強い人」になるための入り口なんです。周りがどうあれ，自分の大好きな読書に熱中できる人を，先生は強い人だと思います。一人でトイレに行ける人を，先生は強い人だと思います」

このことが生徒たちと共通理解できれば，昼休みに本を読んでいる子を「あいつは孤立している」と評価する生徒は激減します。一人で本を読んでいる風景。それは自分から関係をもつことが苦手なためにとっている行動なのか，周囲から疎外された結果の行動なのか，または，グループ化などのベタベタした人間関係を「うざったい」と感じた結果の逃避行動なのか。何度も本人と話をしていくのです。「一人＝いじめ」ではないのです。

2 いじめの治療

　起こってしまったいじめは，教師が全力を挙げて解消しなければなりません。いじめは命に関わることだからです。

(1) 徹底的に事実を洗い出す
① すぐに動く

　いじめの「最悪」の結末は，子どもの死です。ですから「ちょっと様子を見ましょう」などと悠長なことは言ってはいられません。「すぐに動く」のです。そのためには，一人でやっていては効率が悪いです。いじめの事案が生じた場合には，すぐに学年部職員が集合します。事実関係を確実につかむために，組織で対応します。そして，生徒指導担当が次のことを指示します。

> ① 誰がどの生徒に話を聴くか。
> ② どの部屋で行うか。
> ③ 何を聴くか。
> ④ 事実確認の途中で，何時何分にどこへ一旦集まって情報交換するか。
> ⑤ 最終の事実確認の終了時刻は何時か。

　この手順を踏むことで，いじめの関係者に同時に話を聴くことができます。口裏合わせの時間は与えません。

② 使えるものは何でも使う

　誰がどの生徒に話を聴くかは，その子との関係性で決めるとよいでしょう。学年部の職員だけでなく，該当生徒と関係性のある部活動顧問などに加わってもらうこともあります。ここでの重要なことは，「徹底的に事実を洗い出す」ことです。関係生徒の中には，本当のことを正直に話さない生徒もいるでしょう。担任だけでは難しい場合は，積極的に部活動顧問に手伝ってもらいます。部活動顧問と部員の間には，担任とは違う力関係と信頼関係が働いていることが多いからです。使えるものは何でも使います。

③ 加害者と観衆に口裏合わせの時間を与えない

　小学校では，学級担任が事情を聴くことから指導までを一人で担当することが多いと聞きました。本当に頭が下がります。私は一人で複数の生徒から話を聴く自信はありません。一人で順番に関係者の話を聴いていれば，必ず「口裏合わせの時間」を与えてしまいます。口裏合わせが成立すれば，事実がねじ曲がることもあります。

　もっと言えば，いじめ加害に関わった生徒たちに「うそはつき通せる」という間違った観念を与えてしまう可能性があると思うのです。私が生徒に対するときの心情は1つです。「正直者がバカを見ない世の中を，この若者たちとつくりたい」。彼らに誤った学習をさせて，社会に出してはいけないと強く思います。

> 口裏合わせの時間を与えない

中学校3年間の生徒指導を貫く鉄則です。

④　事実をすり合わせる

　一斉に同時展開で関係生徒に話を聴いたら，教師同士で事実をすり合わせます。例えば，暴力に関する事案であれば，次の点を確認します。

　　・どこを殴ったのか　・どのくらいの強さで　・回数

　加害生徒は往々にして，自分の誤りを軽く話すことがあります。そうすると事実にズレがでてきます。そのズレを再度聴きます。これを2回程度繰り返すと，その事案についての事実がはっきりしてきます。

⑤　関係生徒への指導

　事実がはっきりしたら，生徒に問います。

> 「あなたのとった行動の間違っていたところを言いなさい」

　自分の過ちを認めさせます。いじめの事案について，何が起きて，何が問題だったのかを自分の口で言わせるのです。自分の間違った行動を自覚させる段階です。

いじめには，「いじめる者」(加害者)，「いじめを助長する者」(観衆)，「いじめに無関心な者」(傍観者)，「いじめられる者」(被害者)の4つの立場があります。

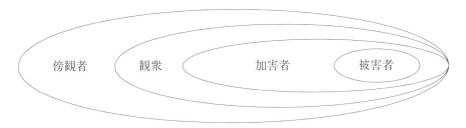

いじめの4層構造

　加害生徒には，事実に基づいて自分の非を認めさせます。観衆には，いじめを面白がっていた差別の心を認めさせます。どちらも「事実に基づいて」行います。事実が明白にならないうちに，教師が中立の立場を忘れて感情的に怒るような指導をしてはいけません。

　事実を明白にし，間違っていた自分の言動を認めさせ，自分の中にある差別心に気付かせます。担任が感情を込めて思いを語るのはその後です。私はいつも，目をじっと合わせて，気持ちを込めてこう伝えます。

> 「一緒に生活する仲間に対するその態度を，俺は絶対に認めない！」

　目と言葉と感情をそろえます。幼少期からテレビ，ゲーム，ネットに慣れ親しんできた世代の子どもたちです。相手の感情を受け取ることが苦手な子どももいます。教師がもちうる生徒指導の道具は，言葉と感情だけです。そこに眼力を加えて，担任としての思いを語ります。

　傍観者への指導は，学級全体（または学年全体）へのいじめ事実の公表になりますから，被害生徒及びその保護者の了解が必要になります。集団全体への指導に対する了解が得られれば，被害生徒の名は出さずに，集団内で起こってしまったいじめの事実を伝え，先と同様のメッセージを伝えます。共に生活をする集団の中にいじめを生み出さない世論をつくるのです。

(2) 被害者を守ることに全力をかける

いじめ被害を受けた生徒に対しても，事実を確認します。ただし，被害を受けてきた苦しみに配慮しながら，共感的に話を聴くことが大切でしょう。そして，被害を受けた子どもへの指導や支援でもっとも重要なことは，

苦しい状況を改善するための具体策を決めること。

共感するだけではいけません。それでは保護者に何の約束もできないからです。今から何をするのか。明日から何をするのか。具体的な改善策を打ち出し，保護者の納得を得なくてはなりません。

① 改善策を被害者自身に自己更新させる

学級担任が中心となり，使えるものはすべて使って被害者を守るのです。そして，それと同時に被害者本人をエンパワメントしていく必要があります。

> 「つらかったね」（共感）
> 「今の状態がどんなふうになったら嬉しいかな」（意志の確認）
> 「気分よく学校に来られた頃はどんなだった？」（過去の成功への注目）
> 「それに戻すために，あなたは何をしたい？
> 　先生はあなたのために何ができる？」（最初の解決策）

その後も定期的に話をします。教師がその子を守るために力を使うのは当然ですが，本人にも改善のための方策を立てさせます。定期的に面談を繰り返します。そのときには，

> 「前に決めた作戦どうだった？うまくいった。そうか，やったね」（解決策の進捗状況確認）
> 「でも，２つ目の作戦がうまくいかないのね。うまくいっている作戦Ａは続けてみよう」（解決策の継続）
> 「作戦Ｂはやめて，違うやり方，作戦Ｃを考えようか」（解決策の変更）

これを繰り返していきます。この手順を繰り返していくことで，被害にあった生徒は人間関係のトラブルを成長の糧に変えることができるのです。
　すべてを相手の責任にせず，すべて自分が悪いかのような自虐的な反省もさせず，少しずつ集団生活に適応していく力を身につけさせます。

② 周囲のサポートを教師主導で拡大する
　被害生徒へのサポートと同時に，周囲への働きかけをします。ターゲットにするのは，被害生徒を「あいつ，変なとこあるけど別に嫌いじゃない」と思っている生徒です。学級委員や班長などの役職のある子どもを頼るのも悪くないですが，依頼されること自体が彼らにとっての「仕事」になる可能性があります。仲間を守るのは仕事というよりも，感情をもとにした救済行動だと私は考えています。だから私は，役職のある子よりも，被害者に肯定的感情をもっている子どもに頼ります。

> 「前にAのこと『別に嫌いじゃない』って言ってたよね。力を貸してほしいんだ」（協力依頼）
> 「Aと相談して『困ったら先生かB君に相談する』って決めたんだ。Aが話しに来たら，話を聴いてやってくれないかな」（提案）
> 「ただうなずいて，そうかそうかって受け入れてくれればいい。もし，Aの様子がいつもと違ったら先生にすぐに教えてくれ」（具体的指示）

　これを個別に生徒に交渉し，いじめ被害にあった生徒のサポーターを集団の中に増やしていくのです。

③ 関わる大人の認識をそろえる
　事実が出そろった段階で関係する全生徒の保護者に連絡を入れます。そこで気をつけなくてはならないのが，父親と母親の認識のズレです。母親が対応した場合には，翌日に電話を入れます。「お父さんはご存知ですか？どんなふうにおっしゃっていましたか？」。保護者とチームになって取り組むことが重要です。子どもの味方になる大人が，同じ考えを共有しておくのです。

2 ルールの点検　問題行動への対応

1 アメちゃん登場

この時期には、仲間意識を強めたり、仲間関係を広げたりするために、アメやガムなどのお菓子を学校に持ち込んで食べたり、周りの子に配ったりする子が出てくることがあります。その予防のために、4月の学年ルールをときどき強調しておくとよいでしょう。お菓子の持ち込みと飲食が発覚した場合は、次のように指導します。

① 事実の確認（関係者が複数いる場合は、学年職員総出で一斉個別確認）
② 関係者全員への指導
③ 家庭連絡
④ 学年全体への報告

④が重要になります。問題行動への対応は、当事者、関係者だけの指導で終わらせてはいけません。そうすると似たようなトラブルが再発し、似たような対応を何度も繰り返すことになるからです。

トラブルの概要とその対応について、学年全体に周知する

こうすることが、学年の問題行動を未然に防ぐカギとなります。それに加えて、お菓子を持ち込んだ子どもに、私はこう問いかけ、教えます。

> 「あなたが今回のことで壊したものは何ですか。
> それはみんなの安心です」

学年統一のルールを逸脱し、それを見ていた生徒もいるのですから、みんなの生活の場の安心感を阻害したことは間違いありません。そこを指導の落

としどころにします。

　自分自身の間違った言動を振り返らせるのはもちろんですが，その影響が周囲にも及ぶことに思いを広げさせます。つまり，

「先生に怒られるからしない」ではなく，「みんなに悪いからしない」

という価値観で，自分の言動を振り返らせるということです。怖い先生がいるから悪事を働かない子もいます。それも大切です。しかし，ずっと怖い先生がいなければ自分の行動を規制できないとしたら，それはその子が成長したとは言えないでしょう。

　アメなどの菓子類の持ち込みを再発させないためには，「そういうのがある集団は嫌だなあ」と大部分の生徒の納得を得ることが重要です。「菓子類の持ち込みはNG」という世論を打ち立てます。そのためには，該当者への指導だけでなく，学級や学年への全体指導が重要になります。

> 「学校でコソコソ隠れてアメやガムを食べる人がいました。すごく残念です。それはやめようって４月に確認したのに，ルールを守れない人がいました。（事実報告）
> 　もうその人は深く反省し，みんなに申し訳ないことをしたと私に言いました。もうきっとしないでしょう。（指導済みの報告）
> 　みんなに問いたい。あなたはコソコソ学校でアメやガムを食べる人がいる集団が好きですか。ヒソヒソと話しながら，自分たちだけの秘密の仲間づくりをする人がいる集団が好きですか。それともみんながお互いの安心を守るために，ルールを守れる集団が好きですか。（価値の確認）
> 　前者がいいと思う人，手を挙げなさい。後者がいいと思う人，手を挙げなさい。（世論形成）」

　間違った行動をした生徒には「他者意識」を強くもたせ，関係のない大部分の生徒には，「そういうのは嫌だ」という世論をつくらせます。２つの合わせ技で，同じような事案が再発することを防ぐことにつながります。

2 失敗に強い人にする　失敗に強い学級にする

　この時期は生活への慣れが「ダレ」に変わってくる時期です。そうすると問題行動が増えてきます。アメやガムの持ち込み，からかいが暴力につながってしまうトラブルなど，一つ一つの問題行動に対して，先に述べた①〜③を繰り返すのでは，非効率的です。④の学年全体への報告を指導に組み込むことで，教師側に構えの余裕が出てきます。そのときに軸に据えたいのは，

> 「失敗しない人よりも，失敗から立ち直れる人のほうが強い」

という考え方です。問題行動は多いより少ないほうがいいです。あるよりないほうがいいです。しかし，トラブルや問題から立ち直れる力を彼らに育てることのほうが，よほど教育だと思います。

　個別の指導の最後の場面で，該当生徒にこう問います。

> 「やってしまったことは仕方ない。あなたが悪いのではなく，あなたのやったことが悪いのです。どうやって学級のみんなからの信頼を取り戻そうか。一緒に考えて，具体的に決めよう」

　過ちを認め，自分の言動の罪を謝り，集団への影響力に思いを巡らせ，改善の方策を自分で決めさせる。その手順を大切に教えたいものです。

3 みんなで寄ってたかって生徒指導

　問題行動が頻発する前に，以下の生徒指導方針を学年職員へ示し，「学年職員総出で生徒指導」というスタンスを構築します。

　生徒指導は学校教育の領域ではなく，「機能」です。あらゆる場面で生徒指導担当が前面に出る機会が増えますが，「みんなで寄ってたかって生徒指導」を基本とします。

　自分の学級の生徒がトラブルを起こしたときは，自分が主となって生徒指導に当たります。そして，隣のクラスの子がトラブルを起こしたときにも，

「私たちの生徒」というスタンスで，生徒指導に協力するということです。学年部職員みんなで，1年生全体を育てる気構えが必要です。

学年生徒指導に関する基本

1学年生徒指導担当

1　小学校における生徒指導（＝中学校における課題）

　学級担任制の小学校では，担任がすべての生徒指導を担う。学級の雰囲気づくり（中間層への指導）も，問題行動への対応もすべて一人の教師が行うのが通例である。問題行動への対応においても，一人の教師が複数の児童から事情を聴き，説諭し，事実にズレがあれば，再度事情を聴くという指導のあり方。この方式が生徒に<u>「事情の聴かれ方にはタイムラグがあるから，口裏を合わせればごまかせる」</u>という誤認を生んでいる可能性は0ではないという前提に立つ。

2　中学校における生徒指導

問題行動への対応　　「さしすせそ」

　さ：最悪を想定し　　し：指示系統を明確にして　　す：素早く
　せ：誠意をもって　　そ：組織で対応する

(1)　事実の聴き取り

　いじめや喫煙などの事案があった場合，生徒から聴くのは心情ではなく「事実」を基本とする（心情を受け入れ，事実を引き出すのはよい）。以下のようにメモをとる。

生徒名：後藤太郎　1年4組　6月1日（土）の出来事
8：10　1－1岡田から電話を受けた「一緒にスーパー行こう」
8：30　後藤の家の前で合流　自転車移動
8：50　スーパー到着　自転車は公園側駐輪場に
9：00　100円ショップで買い物　岡田は調理器具売り場へ
　　　　後藤は文房具売り場へ
9：10　岡田　スーパーの人に声をかけられる

> 　　　　店員「かばんの中を見せて」　岡田うつむいている
> 　　　　店員「君は彼の友だちかい？」　後藤「はい」
> 　９：30頃　事務所へ　小さい部屋に机が１つ　店員１人と岡田，後藤
> 　　　　店員「とったものを全部出しなさい」
> 　　　　岡田「さっきのペンだけです」
> 　　　　店員「今日で何回目？」　岡田「初めてです」
> 　　　　店員　机をちょっとへこむくらいの強さで叩く
> 　　　　　「嘘つくな！すぐ学校と親に電話するぞ！」

　５W１Hで詳細を聞く。

　誰が，いつ，どこで，何を，なぜ，どのくらい。暴力の事案については「どのくらいの強さで，何回，どこを」が重要となる。

(2)　同時確認

　関係生徒が複数の場合は，複数の教師が部屋を分けて同時に事実を聴き取る。その際の分担は生徒指導担当，または学年主任，副主任が行う。そのため，生徒指導事案の報告スピードが重要。

　「私たちの学年の子ども」という意識で全員が動くことが重要。

(3)　事実のすり合わせ

　同時確認は時間を決めて終わらせ，関係職員で聴き取った情報のすり合わせを行う。ズレがあれば，それはまだ事実を言い切っていないということ（嘘が含まれている可能性も）。再度聴き取りと確認を行う。

(4)　保護者連絡と家庭への送り届け

　事実確認が下校時間を超過する場合には，保護者へ帰りが遅くなることの了解を得るとともに，職員が家まで送ることを電話連絡する。副担任が担当する。その日に突然「迎えに来て下さい」というのは，教師のエゴでしかない。社会通念的にアウト。

(5)　指導

　事実がすべてそろってから初めて「指導」に入る。事実がそろわない状態での「指導」は，生徒に不満感情を蓄積させるだけである。以下を基本とする。

> ア　関係生徒全員を一室に集める。関係教師も全員集合。
> イ　全員の前で教師が事実を読み上げる。「違うところがあれば言いなさい」と前置き。
> ウ　関係生徒に自分の行動の間違ったところを話させる。順番は，周辺生徒⇒中心生徒。
> エ　反省の弁で出たら，行動を責める。考え方や心情批判は，人格否定につながり，問題が再燃する可能性が高い。反省の弁が出ない場合には，個別対応が必要（嘘をつき通し，自分の非を認められない背景には虐待やネグレクトの可能性もある）。
> オ　生徒を部屋に残して，中心人物の学級担任が付き添う。他の教師は部屋の外で，指導の落としどころを決める（家庭連絡の必要性，保護者の来校，弁償，管理職への謝罪　など）。
> カ　関係者だけの指導で終わらせると，また似たような事案が起きることも多い（ズボン下ろしなど）。関係生徒の了解を得て，学年全体の問題にして「こういうことがない学年にしよう」と訴えることが未然防止につながる。学年朝会を活用したい。

　中学校の強みの一つは，職員数です。標準法によって小学校よりも多くの人員が配置されています。

　中学校の強みを活かした生徒指導を心がけます。「私には生徒指導はちょっと……」という方もいるかもしれません。まずは，できることで学年部に貢献します。話を聴き取る部屋の鍵を開けておく。終わった後に先生方に「お疲れさまでした」とお茶を差し出す。そういうことも「みんなで寄ってたかって生徒指導」の一つです。

　１年生の出口には必ず学級編成が待っています。「みんなで寄ってたかって生徒指導」することで，学年部職員全員で学年生徒を育てていきます。

　それが残り２年間の秩序づくりにつながるのです。

定期テストへの戦略

1 小学校のテストと中学校のテストの違い

　7月に定期テストがある学校は多いと思います。小学校の漢字テストや計算テストは，基本的に「合格させるためのテスト」だと私は認識しています。
　一方，中学生の定期テストは，成績を算出するための基礎資料です。絶対評価とは言え，「ふるいにかけるためのテスト」という側面もあります。
　小学校で合格するまで何度も挑戦するチャンスをもらってきた生徒には，事前にしっかり伝えなくてはいけないことがあります。それは，

> 高校入試も定期テストもチャンスは1回。一発勝負である。

　テストが嫌で安易に欠席する生徒もいます。テストからの逃避です。再テストでの復活チャンスを期待している生徒もいます。「一発勝負」の重みを教えておく必要があるのです。

2 自主学習の習慣づくり

　かつての同僚に学習への取り組みに対してストイックなI先生がいました。I先生は以下の指導をして，生徒の学習習慣を形成します。

> 【自主学習とは】
> ・宿題以外の学習メニューを自分で考える。
> ・自主学習ノートをつくる。
> ・覚えていないところや，苦手なところを見逃さないで学習する。
> ・何度も繰り返して学習する。
> ・毎日必ずコツコツと続ける。

【自主学習の5つのポイント】
① 決まった時間に毎日コツコツとする。
② 集中して学習する（テレビ×　おやつ×　ながら勉強はしない）。
③ 学習環境を整えるなど，用意をきちんと調えてから始める。
④ 文字は丁寧に！
⑤ わからないときは，そのままにしないですぐに解決する。

【具体的にこんな学習をしてみよう】

国語	社会	数学	理科	英語
・漢字スキル練習 ・教科書の文章を視写する。 ・読書をして感想をまとめる。 ・ワークの問題を解く。 　　　　　など	・世界地図の略地図を描き，そこに赤道や，三大洋や六大陸，主な国などを書き込んでみる。 ・ワークの問題を解く。 ・太字になっている言葉の意味や，関係することがらをまとめてみる。 　　　　　など	・ワークの問題を解く。 ・授業中や宿題で行った問題の中で間違った問題を解き直す。 　　　　　など	・ワークを解く。 ・ノートにまとめ直す。 ・実験の内容をレポートにする。 ・自分の興味あるテーマについて調べてみる。 　　　　　など	・その日に学んだ英単語を何度も書いて覚える。 ・その日に学んだ英文法を使って，いろいろな英文を書いてみる。 ・ワークの問題を解く。 　　　　　など

【回収と返却】
1　ノート1ページに宿題以外の学習を行ってくる。
2　朝の会の前に班の学習係が回収⇒学級のカゴに入れる。
3　帰りの会で学習係がカゴから取って，班員へ返却する。

3 伝えたいこと「失敗しない人より失敗に強い人に」

　先にテストを「一発勝負」と言いました。では，勝負に負けたらもうダメなのか？そんなことはありません。テスト後，私はよくこんな話をします。

> 　「今回のテストで失敗したなあって思っている人は，手を挙げましょう。成績や順位は数字で出るからわかりやすいですね。自分を成長させるためのモノサシの一つにしていいと思います。
> 　だけどね，それがすべてだと思う人になってはいけないよ。点数なんかあなたのよさを測るためのモノサシの一つでしかない。だから，それをもって「あいつ，○点だったんだって。バカじゃん」みたいな言い方をする人のほうがバカなのです。「俺の下にまだ何人もいるし」という間違った安心感のもち方もおかしいですね」

　点数はわかりやすいモノサシです。そしてときに残酷なものだと思います。間違った使い方をすれば自分と人を傷つける刃にもなります。それをしっかりと予防することが重要です。

> 　「学校は，あなたが成長するためにある。今回が失敗だと思うのなら，あなたはラッキーです。失敗しない人は強くなれません。失敗しない人よりも，失敗に強い人になってほしい。今回の点数は，あなたが成長するための「はしご」の段を示しています。上を見なさい。もう下には降りないぞ。自分の「はしご」を登っていくのです。次のテストに向けてあなたが変えなくてはいけないことをはっきりさせよう」

　こう話してから，家庭学習の振り返りをさせます。中学校は教科担任制ですから，極論すれば学力保障はそれぞれの教科担任の責任です。学級担任として，しなくてはならない学力保障の取り組みはこれです。

家庭学習時間を報告させ，努力を継続させること

部活動に対して担任がするべきこと

1 中学生の育ちは「憧れ」でできている

　部活動の先輩は，1年生にとって大きな存在です。その憧れの存在を，生徒個々の成長のために活用しない手はありません。上位大会進出をかけた地区大会の前日。学級でこんな話をします。

(1) 恩返し

> 「明日，みんなの先輩たちは勝負の日を迎えます。負ければ引退です。きっとすごく緊張していると思う。彼らは素敵な姿をたくさんあなたに見せてくれたよね。だから，精一杯の応援や，道具の準備で3年生を支えて，彼らの勝利のためにこれまでの「恩返し」をしよう。

　恩返しをキーワードにして，自分にできる精一杯の貢献を考えさせます。1年生でレギュラーメンバーに入る生徒は少ないので，会場で暇をもて余して遊んだり，余計ないたずらをしたりする生徒がいます。それを予防することにつながります。そしてもう1つ。

(2) 恩送り

> 「もう1つ進んでいることがあるんだよ。それは，先輩になる準備が始まっているということです。来年の後輩にどんなふうに思われたいですか。今，あなたが3年生に対してもっているような気持ちをもってもらうには，どんな練習をしていけばいいですか？3年生への直接の「恩返し」のチャンスは少ないけど，してもらったことを次の代に手渡すことはできる。これを「恩送り」と言います。部活，がんばろうね」

部活動にはリアルなモデルが必ずいます。そのモデルを強く憧れさせるのです。その憧れが本人のやる気に火をつけ，高みを目指して努力するための原動力となります。

2 部活動顧問と立ち話

7月は3年生最後の大会シーズン。「負ければ引退」そんな言葉がたくさん聞かれる時期です。顧問との情報交換をたくさんしておく必要があります。そうすることで次の効果が期待できます。

効果1 学級では見られない「子どもの別の顔」を把握し，通知表所見に書くネタが増える。
効果2 部活動への不適応の状況を早めにつかむ。
効果3 3年生やレギュラーにばかり目が行きがちな顧問に対して，1年生を含めた部全体を見るように意識をもたせる。

1年生が部活動を辞めたり転部したりするのは，2学期が多いです。1学期に何とかがんばって取り組んで，夏休みに練習を休むことが増えて，2学期に「先生，実は……」となるケースがあります。ですから，この時期に生徒個々の部活動への適応度をつかむことが，生徒たちの夏休みの不適応を予防し，彼らの成長を後押しすることにつながります。

部活動について学級担任がするべきことを述べました。

恩返しと恩送りを教える

ことです。これは部活動だけでなく，体育祭などの学校行事にも言えることでしょう。

1年生に対して直接指導することはもちろんですが，「かっこいい先輩像」を価値付けておくことで，彼らが2年生になったときの，後輩いじめや偉そうにする言動を抑止するのです。私は柔道部担当ですので，こんな部便りで後輩たちに憧れを抱

かせます。テーマは「かっこいい先輩像をつくる」です。

A中学校柔道部便り **柔の道は一日にしてならずぢゃ！**

7月31日　第16号　　　　　発行：顧問　岡田敏哉

県大会を終えて　3年生へ送る言葉

　暑い夏の稽古でも、凍てつく冬の稽古でもいつもがんばってきた3年生。「上越1位は弱くない！」そのプライドを示してくれた3年生。お互いに厳しく、自分にとって厳しい稽古姿を見せてくれた3年生。
　この県大会で中学柔道は一応の幕引きとなる。今後は後輩指導と高校柔道の準備のために、道場へ来てほしい。3年生諸君への送る言葉！

YHさん
　女子キャプテンとしてがんばりましたね。団体の代表戦を含めると、中学校で一番たくさん試合をした選手はあなたかもしれません。4月から技術よりも態度面でたくさん怒りました。県大会本番で大きな声を出して相手に向かっていく姿に、まぶたが熱くなりました。バックアップしてくれる家族に感謝しながら、高校で再スタートをきってほしいです。ありがとう。

KMさん
　不動のキャプテンとして、いつも先頭に立って部を牽引してくれました。声で、プレーでチームを引っ張ってくれました。自分に厳しく、人にも厳しい。妥協を許さない姿勢が今年の〇〇中学校を育てました。あなたはすばらしい主将でした。動きに柔軟性が出てくると、伸び幅は計り知れません。高校で成長してほしいです。ありがとう。

TJくん
　練習中に一番泣いていたのはあなたかもしれません。自分を追い込めるのが、あなたのよさです。中学校の最後の試合までにあなたを育て切れなかったことが悔やまれます。本当は県大会までに教えたいことが山ほどあったのです。まだ技数も多くないですが、ガッツはすばらしい。あなたは高校柔道で伸びます。ありがとう。

KMくん
　団体戦ではいつも大きい相手と戦う重圧がありましたね。あなたの最大の長所は、プレッシャーを周囲に感じさせないおおらかさだと思います。長い手足と独特のしなる筋肉は、ご両親に感謝しましょう。決して根をあげないガッツが大好きでした。これから体ができてくるタイプです。高校柔道で新たな境地を開いてほしいです。ありがとう。

　1年生、2年生諸君。たすきは渡された。新チームをどんなチームにしたいのか、自分たちは県でどこまで上がるチームになりたいのか。その意識がまず大切である。今の努力から逃げるな。自分の努力に妥協をするな。自他に厳しくあれ。　　3年生がそうであったように・・・。　　3年生の後ろ姿を追いかけるのだぞ。

3年生　ありがとう！

第5章 学級担任 ちょっと休憩

キーワード 命　貢献　戦略
学級の子どもたちと接する機会が減り，部活動顧問として活動する時期です。時間のある夏休み，こんな活かし方はいかがでしょう。

1 夏休み前の指導

夏休み前，私は生徒指導に関して3つの指導をします。

死ぬな　法に触れるな　人のためにいいことしよう

言葉はあまりよくないですが，私の本音。夏休み前にこんな話をします。

> 夏休みに一番大切なことは何？それは，全員がケガなく事故なく2学期初日に再び集まること。それ以上に大切なことはありません。絶対に命を落とさない。命に関わるような危険行為をしない。いいですね。
> 他校の人や学校外の人と関わる機会が増える人もいるかもしれません。中には酒やたばこなどの誘惑があることも。絶対に関わるな。法律で禁止されていることに手を出してはいけません。学校はあなたが成長するための場所です。

「死ぬな」については，水難事故について詳しく話をします。3人以上いなければ海の事故から仲間を助けることはできないことや，離岸流からの逃れ方などを，具体的に話します。また，「法に触れるな」では，酒，たばこ，万引きの3点を特に重点的に禁止事項として提示します。

2 秘密の宿題「secret mission」

「人のためにいいことしよう」を学年全体の宿題にしたことがありました。題して秘密の宿題「secret mission」です。宿題の内容は，

① 家族や地域など，他の人のためになることをする。
② ある程度継続した期間行う。または複数回行う。
③ 自分がやっていることは，周囲に絶対に言わない。

自主的に他者へ貢献することを考えさせ，実行に移させる宿題です。「お手伝いをしましょう」と言うよりも，子どもは「秘密」というワードにやる気になります。しかし一番のねらいは，周囲への自発的な貢献に喜びを感じる経験を積ませることにあります。

実践レポートを提出させます。

ある子はこんな感想を事後にレポートしました。

仕事：玄関のくつをそろえる　風呂掃除　洗濯物をたたむ

「3つ中2つが誰にも気付かれませんでした。「私が○○したんだよ」と言いそうになりましたが，気付いてもらうことが目的ではないので，こらえました（笑）。今までは何かをすると，誰かにそれを伝えて自分の喜びに変えていました。だけど今回は，ほめられるのではなく，家族の生活を少し楽にすることを，喜びに変えることができました」

家族や地域の一員としての自分のあり方を見つめたり，いつも当たり前に「してもらっている」ことに感謝したりする生徒が多くいました。

「与えてもらう人」から「与える人」へ

親には内緒の宿題で，そんな成長の自覚をもてたら，素敵な夏休みになるに違いありません。

3 部活動顧問にお願いする

　1年生の中には「夏休みはたくさん休める」と思っている子がいます。早い段階に「中学校の夏休みは，ほぼ毎日部活動がありますよ」と言っておくべきでしょう。運動部は秋には新人戦がありますし，文化部もコンクールは秋に集中している地域が多いと思います。

　夏休み中，子どもに一番多く接するのは部活動顧問なのです。ですから，学級担任は少し休憩できます。基本的には，部活動顧問が子どもの安否確認の責任者となります。子どもに直接関わらない時期だからこそ，次のことを学校全体で確認しておく必要があります。

① 部活動の無断欠席をさせない。
　（平常の登校日と同じ扱い。保護者が欠席連絡をする）
② 子どもに変化（ケガ，服装の乱れ，茶髪など）があったら，部活動顧問はすぐに学級担任に報告する。
③ 夏休み中の生徒指導は，部活動顧問と学級担任がタッグを組んで行う。

　家庭訪問を実施する地域もあるでしょう。暑中見舞いで，子どもたちに2学期初日の登校を動機づけるのも得策です。また，気になる子には週に1回くらい電話をかけるのもいいです。しかし基本は，

「学級担任」という役割をちょっと休みましょう。

　授業がなく心境的にも少し余裕のあるときこそ，子どものよさをお茶でも飲みながら，ゆっくりと部活動顧問から聞きたいものです。
　トラブルや問題行動の情報が入った場合の対応は，学年主任や生徒指導主事に報告し，対応することをお忘れなく。

4 家庭訪問　育ちのベースを感じに行く

　家庭訪問を実施しない学校もありますが，私は家庭訪問に大きな意義を感じています。
　意義①　家の場所を確認し，有事の際に動ける準備をする。
　意義②　登下校の距離を知り，通学のがんばりを知ることができる。
　意義③　子どもの育った環境の空気を肌で感じることができる。
　意義④　家庭学習の環境を見ることができる。
　①は危機管理のために不可欠な情報です。②は教室に来るまでの生徒の苦労を身をもって知るチャンスとなります。③は家の様子を見ることで，おおよその家庭の状況がわかりますし，近所には同級生の誰が住んでいるのかを情報として知ることができます。
　④については，保護者の許しが出れば，生徒がどんな環境で学習しているかを見ます。子ども部屋を与えられている場合には，その部屋を見れば，その子がどんな嗜好をもつ子かわかります。当然，子どもたちには「見るかもしれないよ」と先制パンチを出しておくことが必要です。
　多くは1軒10分から15分の訪問ですから，以下のことが大切です。
【家庭訪問のポイント】

①　時間を厳守する（仕事の合間に対応してくださる方もいる）。
②　事前に子どもに家の特徴を聞いておき，移動時間を短縮する。
　　（壁の色，犬がいるか，近くにある物，車庫の有無　など）
③　子ども一人ひとりの具体的なよさを話せる準備をしておく。

　湯茶やお菓子を断る方もいると思いますが，家庭訪問のために大掃除をして下さる方も多いです。ですから私はリビングにお邪魔し，お茶をいただくことにしています。くれぐれもトイレは計画的に（笑）。

コラム　学級経営戦略会議

　夏休み，冬休みなどの長期休みに行う任意参加の自主研修です。子どもたちは，担任がイメージしていた育ちをしていますか？子どもたちは，自分たちで立てた学級目標に集団として近づいていますか？到達させるには何を仕掛けますか？

　そんな話を，お茶やコーヒーを飲みながらワイワイガヤガヤ話す研修にします。

　学級づくりのノウハウや考え方は，先生方の中にすでにあると思っています。問題なのは，それが「あの先生だからできるんだよ」と名人芸として語られて終わってしまうことです。そのノウハウや考え方を，手順と目的を明確にすることで，たくさんの人にわかりやすくすることが可能です。

〈自主研修の流れ〉
① 　時間設定　午後２時30分から　途中退席可
② 　会場設定　会議室などを予約
③ 　黒板などに内容を板書

【例】夏休みの学級経営戦略会議

> 「ちょっと先を見る」
> 　３月最終日。学級の生徒たちはどんな顔でどんな話をしていますか。その過程である12月最終日。子どもたちにどんな力をつけさせますか。体育祭，合唱コンクール，生徒会選挙など，行事満載の２学期。

> 行事を活かしましょう。
> 1 行事を通して「学級の仲間を好きにさせる」どうやる？
> 2 行事を通して「学級の仲間の強みを見つけさせる」どうやる？

④ 学級経営戦略図で各自の構想を練る
⑤ 書き終わった人から学年ごとに集まって，互いの戦略図を見合う
⑥ 自分の戦略図に，他の人からの学びを記入して学年ごとに解散

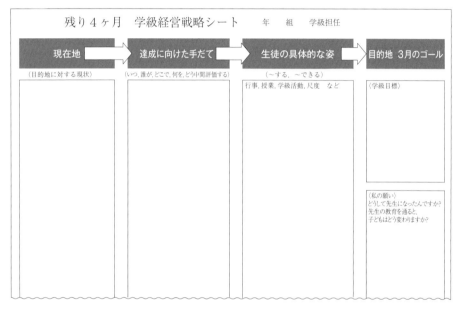

学級経営戦略図　冬休みバージョン

　強制参加ではなく，任意参加の自主研修であるところがポイントです。この場に集まるのは学級づくりに意欲的な方々と，後輩を育てようという心意気をもったベテランのみなさんです。ベテランも若手も自分の考えを出し合う場になっています。「こういうのはどう？」「何のためにこれやるの？」「あー，これいいね！」など，普段学校に子どもたちがいるときには，忙しくできない話がたくさん聞こえてきます。自分の考えに互いのアイディア

や気付きを加え，ワイワイと話しながら少し先の見通しをもちます。

　倉又佳宏氏は，自主的参加型の校内自主研修を研究し，その研修の効果と意義を，次の5点にあると言っています。
① 普段の会話と強制参加型の校内研修などとの「中間の場」として成立することで，対話の場や時間が確保され，かつ参加者各自の課題に合致した学習の機会が提供されている。また，学級経営に関する実践知の共有が促進されている。
② 文脈を含む実践知が複数存在し，参照枠組みとして獲得されることで，参加者に選択肢としての指導方法を数多く蓄積させている。
③ 実践知がコンテクスト上の知であることで，その学校に適した文脈に自然と寄り添わせる形で参加者の専門性を支えている。
④ 自己の指導枠組みを吟味・更新し続けることで，学習者が「頑迷なフレーム」をもち，不確実な状況に対応できなくなるのを防いでいる。
⑤ 実践知が参照すべき選択肢として提供され，内省的な学習を通してこれを獲得するものであることにより，学習者に「学級経営に関わる知」の相対化を促している。

　学術研究からの引用なので，難解な言葉が並びますが，倉又氏が導き出した自主参加型の校内研修の意義を簡単に言えば，

> 　同じ学校に勤める教師同士が，目の前の子どものリアルな姿を通して自分の実践を提供したり，提供されたりすることで，ベテラン教師も若い教師も，学級における指導を振り返ることができる。子どものリアルな姿で語られるため，机上の空論になりにくい。さらには，積極的に話をする者だけが学んでいるわけではなく，話のやりとりを聞いている人たちにとっても，自身の実践を深く振り返る場となる。

ということです。

校外の仲間と勉強会をしたり，本から学んだり，セミナーに出かけたりすることも大切な教師修業だと思います。しかし，そこで得る知識や技術は「借りもの」です。学級の子どもたちにフィットするかどうかは，やってみなければわかりません。
　同じ学校に勤める者同士が，同じ学校の子どもたちのリアルな姿を通して語り合う実践に「借りもの」の技術は存在しません。私たちがもちうる最大限の学びのリソースは，あなたの隣にいる同僚なのです。

　以前の学校にあった，職員室の給湯器の前で交わされていたような，先輩からの何気ないアドバイスや，新人教師の相談ごとが聞こえない時代になりました。職員室は多忙感であふれています。子どもが学校に来ないときをねらって，学級担任同士，子どもの姿を語ってみませんか。
　この場で中長期的な学級づくりを語り合う仲間たちが，それぞれの学年部に戻り，他の学級に好影響を与えてくれます。学級づくりへの取り組みを一気に広げるのではなく，じわじわと広げていく。そんなよさが，学級経営戦略会議にはあると実感しています。長期休みに学級経営の戦略を仲間と一緒に練ってみませんか。

学級生活再スタート

> キーワード　体育祭　先輩への憧れ　価値の内在化
> 学級再開き。行事がもつ人間関係づくりの効果を引き出します。また，部活動では３年生への「憧れ」を新チームづくりに活かします。

1 学級に戻らせる

　夏休み中に大きく変わるもの。それは，「所属する場所の自覚」です。１か月近く，毎日顔を合わせる仲間は部活動のメンバーでした。大会などで勝った負けたと喜びや悔しさなど，感情を共有してきたメンバーです。１学期は「〇組△番の太郎」だった子は，夏休みを経て「〇〇部の太郎」になって教室に戻ってきます。初日に，学級への所属意識を戻させます。

> 「新学期。今日からまた一緒にがんばっていこう。集め物をします。名簿順に持ってきなさい。１番荒川。元気だったか？全部そろっているね。２番井浦。手のケガ大丈夫か？一つ忘れたね。明日持ってこいよ」

　出席番号を再認識させます。一人ひとりと目を合わせながら，笑顔で集め物をします。彼らのアイデンティティを「〇〇部の太郎」から，「〇組△番の太郎」に戻させるのです。２学期の再出発で心がけるポイントは，
　① 笑顔で「おかえりなさい」　② 名簿を思い出させる「〇番〇〇さん」
　③ 共同生活のリズムに戻させる（号令に合わせる，チャイムで動く）
　笑顔で安心感を与え，名簿で学級システムを思い出させ，隣の仲間との談笑でじわじわと，学級に戻していく２学期初日にします。

見通しをもつ・もたせる

　「12月。こんな姿になっていてほしい」尊敬するY学年主任は学期初めの学年集会でこう語りかけます。先輩たちの歩んできた道を写真とともに見せ，2学期に行われる行事や取り組みを紹介します。そして，各行事の価値を教え，子どもたちの成長への期待を語ります。

　これによって，学期の見通しを教師と生徒で共有するのです。出てくる写真が1つ上の学年の先輩たちの姿ですから，ただ「9月は体育祭，11月には合唱コンクールがあります」と説明されるよりも，強く子どもたちに響きます。先輩の姿を見ながら，具体的に自分たちの姿をイメージすることができます。

　2学期はもっとも長い学期である上に，たくさんの行事が詰め込まれる時期でもあります。いろいろなことが同時進行で進み，気付いたら「何とか行事をこなして終わった」ということになりがちです。学校行事の目標は，

> 学校行事を通して，望ましい人間関係を形成し，集団への所属感や連帯感を深め，公共の精神を養い，協力してよりよい学校生活を築こうとする自主的，実践的な態度を育てる。　　　　　　　（中学校学習指導要領）

と示されています。学校行事は実施することが目標ではなく，それを「通して」子どもを育てることが目標なのです。

行事を「こなす」から「活かす」へ

　そのためには，教師と生徒が見通しを共有することが重要なのです。

3 体育祭を活かす

　私の勤務する新潟県では，9月に体育祭を実施する市町村が多いです。学級づくりを推進する上で，体育祭がもっている効果は絶大です。そのねらいを，私は次の3つに置いています。

・勝利のための課題を全員で解決するチャンスにする。
・学級メンバーのもつよさを見える化する。
・先輩に憧れをもたせる。

1 勝利のための課題を全員で解決するチャンスにする

　体育祭には必ず勝敗がつきます。子どもたちは勝利を目指してがんばります。勝利のためにはチームの課題が生まれますから，その課題を学級づくりに活用するのです。

　当時の勤務校では，学年独自の種目が「学年種目」として位置付けられていました。その年は「おぶって運んでハイタッチ」という種目でした。生徒たちの課題解決の過程を，体育祭後の学級便りにまとめました。

　体育祭前日。学年種目を勝つための課題を出した。
① 「おんぶでスピードを上げるには？」
② 「竹竿のバトンパスを0.5秒縮めるには？」
③ 「ハイタッチの反則を減らすには？」
④ 「運びからおんぶへの移行を0.5秒縮めるには？」
　前日の話し合いではすべてに結論は出なかった。当日の昼。作戦を確認した。

作戦①⇒おんぶされるほうは肩より上に上がり、おんぶするほうは、足をカチッとロックしてダッシュしやすくする。（Yくんの案）

作戦②⇒物を運んでくる男子に、女子が次に運ぶ物を大声で伝えて、同じ物ならそのまま置き、違う物なら竹を外して置かせる。（Kさん、Wさんの案）

作戦③⇒タッチするほうが迷いなく叩けるように、受けるほうが肩より上で構えて待つ。

作戦④⇒物を置きながら、流れの中でそのままおんぶに飛び乗る。

①〜④の作戦がぐんぐんとタイムを縮めた。作戦を考え、実行し、結果を変えたみんなを誇らしく思った。

特に作戦④でのOさんの斜め飛びっぷりは、牛若丸かと思うくらい、見事だったよ！ ３つのペアが転びながらも懸命につないだお陰もあり、堂々の優勝。

嬉しかったなあ。

課題を焦点化したことがポイントです。「学年種目で勝つには？」が課題では、要素が多すぎて、抽象的な改善策しか出てきません。「0.5秒短縮するには？」など、具体的な行動変容を目的にさせることで、具体的な行為行動について話が展開されます。競技以外にもこんな課題を提示して、生徒たちに課題解決に挑戦させることができるでしょう。

【例】応援合戦
・ダンスがそろっているように見せるには、体のどの部分を特に意識するか
・声の大きさで勝つために一番効果的な並び方はどれか

答えのない問いに対して、自分たちの納得解を導き出せること

を価値付けし、評価するのです。

2 学級メンバーのもつよさを見える化する

　体育祭は，応援リーダーや団長に注目が集まりやすい行事です。リーダーとして活動する彼らは苦労も多い分，たくさんの注目と称賛を受けます。私は，リーダーの生徒以外の，次のような子たちに注目します。
・朝早く来て，落ち葉拾いをしてグラウンド整備をする子
・けが人を看病する子
・自分の服が汚れるのも気にせず，用具の準備片付けをする子

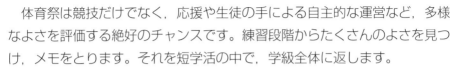

・仲間のがんばりを自分のことのように喜べる子
　体育祭は競技だけでなく，応援や生徒の手による自主的な運営など，多様なよさを評価する絶好のチャンスです。練習段階からたくさんのよさを見つけ，メモをとります。それを短学活の中で，学級全体に返します。

> 「昨日の練習でね，先生，感動したんだよ。全校で綱引き練習したでしょ。グラウンドの土で汚れた綱を丁寧に丁寧に水拭きしていたヒーローがいた。それが……D男くんです！わがクラスのヒーローに拍手‼」

　ねらうのは互いのよさの認知です。教師の意図的な評価によって，互いのよさを認めさせ，「望ましい人間関係」づくりを進めます。
　「望ましい人間関係」とは，学習指導要領解説にこう書かれています。

> 「豊かで充実した学級生活づくりのために，生徒一人一人が自他の個性を尊重するとともに，集団の一員としてそれぞれが役割と責任を果たし，互いに尊重しよさを認め発揮し合えるような開かれた人間関係」

　体育祭の準備期間中，生徒たちは競技の練習や応援の練習に明け暮れます。放っておけば見過ごされてしまいがちな「よさ」を，教師が価値付けすることで「互いに尊重しよさを認め発揮し合える」状態をつくります。事後に互いに感謝のメッセージを書かせる活動を行う学校は多いでしょう。教師の意図的な評価が入ることで，メッセージに具体的な姿が入るようになります。

3 先輩に憧れをもたせる

　3年生が先頭に立って学校行事を牽引します。勝負がかかっていますから，3年生リーダーの中には1年生に対して，「おい，ちゃんと声出せよ」「やる気あるのか！」など威圧的になるリーダーもいます。そればかりが続くと，1年生の中には「体育祭は怒られてばかりいる行事」と印象づけてしまう危険性があります。

　意図的に「憧れる先輩」をつくることは可能です。大先輩K先生は，1年生から3年生まで，全体が集まって行う軍の応援練習のときをねらって「憧れの先輩」像をつくります。以下は，軍全体での応援練習のときのK先生の発言です。3年生がリーダーシップをとって声出しの練習をしています。1年生の返事があまりよくありません。K先生は，練習を止めてこう話しました。

> 「3年生リーダーちょっとごめん。話をしてもいいですか。なあ，1年生。何でしっかり声出さないんだよ。3年生が『〜して下さい』ってお願いしているんだぞ。どうして腹の底から返事しないんだ？『〜して下さい』って言われたら『はい‼』だろ！わかったか！」1年生「はいっ！」

　表面的には，1年生を指導しているように見えます。しかし，この指導の真意は，『〜して下さい』の部分にあります。

3年生リーダーに「1年，〜しろ！」と威圧的な指導がしにくいフレームを与えている

のです。全体の前でこう言われたら，リーダーの3年生たちも「〜しろ！」とは言いづらくなります。丁寧に指示を出し，できている部分をきちんと評価するような立派なリーダーに育っていきます。こうして憧れの先輩像を意図的につくり，先輩を憧れさせます。

　1年生の体育祭は先輩についていくだけで精一杯。そこに「憧れ」という要素を盛り込むことで，次世代のリーダーを育てる土台をつくります。

ルールとシステム　その意義を内在化させる

　1学期のうちに，ある程度学級のルールとシステムは定着しています。形ができたら，「なぜそれをしなくてはならないのか」という価値を内在化させます。価値が内在化されれば，2年生の新しい学級でも，ルールとシステムは定着しやすくなります。その土台をつくるのが，2学期のルールづくりとシステムづくりです。2学期に，私は生徒たちにこう問います。
　「仕事なんて気付いた人がやればいい。なぜ，役割分担をするのですか」
　「ルールなんかなくてもいいのでは？なぜあなたはルールを守るのですか」
　きちんと自分の役割を果たし，ルールがある程度守られている状態で，こう問います。子どもたちは困惑します。そこで教えます。

ルールの価値	①集団の安心と安全を守るためのもの ②集団のメンバーから，仲間として認められるための作法

　ルールを守らない者同士が徒党を組むと，学年崩壊の序章となります。ですから「ルールを守ることは，自分で自分の居場所をつくることにつながる」という価値を教えます。「ルールを守らない」という共通項をもつ逸脱グループをつくらせないことが，学年の秩序を保つことになるのです。

システムの価値	①係等の役割を果たすことは，互いの時間を大切にすること ②周囲に貢献できる人は，周囲から大切にされる人

　時間は有限です。早く部活に行けるように，早く給食を食べられるように，時間を有効に活かすために，各自の力を発揮することが重要であることを教えます。そして，他者への貢献に注目させます。そこに喜びを感じる尊さを教えます。
　形から価値への転換。それが来年度の秩序安定の土台となります。

5 部活動で「先輩」への準備をさせる

1 選手になる1年生　なれない1年生

　多くの運動部では，夏休みを終えると3年生は引退します。実質，2年生が部の主力となります。秋には新人大会が行われるところも多いでしょう。1年生の中にも，大会の出場機会を得る生徒が出てきます。その一方で，大会に出られない生徒もいます。部活動の同一学年の中に「格差」が生まれます。この段階で「俺，試合に出られるすごいやつ。あいつ，試合に出られないダメなやつ」と勘違いをさせてはいけません。

　部活動については，学習指導要領にこう述べられています。

> 生徒の自主的，自発的な参加により行われる部活動については，スポーツや文化及び科学等に親しませ，学習意欲の向上や責任感，連帯感の涵養等に資するものであり，学校教育の一環として，教育課程との関連が図られるように留意すること。
> 　　　　　　　　　　　（中学校学習指導要領　第1章　総則　第4の2　(13)）

　部活動は，中学生の生活には大きなウエイトを占める活動であり，土日を含めて彼らの生活の軸となる活動です。部活動は基本的に学級担任が立ち入りにくい領域ですが，少なくとも学級の生徒たちには伝えたほうがよいことがあります。それは，

　部活動における勝利は「目標」ではあるが，「目的」ではない

　教育の目的は，教育基本法第1条「人格の完成」です。「俺，試合に出られるすごいやつ。あいつ，試合に出られないダメなやつ」と考えるような選手になってはいけないのです。それを担任の立場で伝えます。

第6章　9月〜10月　学級生活再スタート　89

> 「Aというとても強い選手がいてね，彼はすごく強くて試合に出れば優勝していた。でも，彼には大きな欠点があった。それは自分より弱い人をバカにするということ。Aが県大会に進むことになったとき，周りの部員はどう思ったか。残念だけど，部の誰からも応援されなかった。
> 　3年生が引退して，次の大会で出番をもらう人もいる。出番をまだもらえない人もいる。大事なのは，引退するときに一緒に汗を流した仲間からどう思われるかということ。部活を通して，人として成長しよう」

　この「引退するときに一緒に汗を流した仲間からどう思われたいか」という視点は，次年度4月に「先輩」と呼ばれる立場になったときにも生きてきます。「強い選手＝よい選手」ではなく，「チームに貢献できる選手＝よい選手」であることを常に伝えていきます。目的は「人格の完成」だからです。

2　壮行会で一人前にする

　各種大会の前には，学校で激励会や壮行会が行われます。今までは応援する側だった1年生の多くも，新人大会前は全校から応援される側になります。引退した3年生から応援されるのです。その意識付けをします。

　壮行会に応援される側の選手として並ぶ生徒たちに，「3年生に『あなたたちなら大丈夫』と思わせる壮行会にしよう」と話します。指示するのは次のことです。

> ① 礼は深く。3年生への感謝を込めて。
> ② 立ち姿勢は美しく。動かず胸を張る。
> ③ 返事は決意を込めて。強く大きく短く。

　人前に出る経験が少ないために，恥ずかしさからもじもじと動く選手がいます。壮行会の意義を理解していないために，ダラダラと行動する選手もいます。学級担任として教え子たちに，壮行会の意義を教え，応援してくれる相手への他者意識をもたせ，一人前の選手にするのです。

コラム 教科担任とタッグを組む

　中学校は教科担任制ですから，1日に何人もの教師が自分の学級に出入りします。自分の学級と言いながら，学級担任が各教科担任に対して，何か注文をつけたりすることは難しいのが実際でしょう。

「教科の壁」

があるからです。各自が自分の専門教科をもつ中学校では，互いの教科についてどうのこうの言うことはあまり好まれない状況が散見されます。

　しかし，「学習集団づくりという観点なら『教科の壁』を超えられる余地がある」と私は思っています。そして，

教科担任に学級づくりを手伝ってほしい

と思っています。教科の知識技能を身につけさせることだけを目的とせず，教科指導においても学級づくりに貢献してほしいのです。

　アクティブ・ラーニングが学校現場に求められています。「主体的・協働的な学び」と言われます。そして，文部科学大臣が公表（平成28年8月）した学習指導要領改訂のポイントには，「主体的・対話的で深い学び」の3つの視点が示されました。

　生徒が関わり合いながら，自分から仲間に「教えて」「教えようか？」と声をかけ合いながら学んだり，適切に仲間の力を借りながら自分のペースで学習を進めたりしていく授業を，私はイメージします。そういう学習スタイル実現には，

生徒間の良好な人間関係が重要な土台

となります。互いを傷つけ合うような関係の学級で「協働的な学び」は機能しにくいはずです。逆に言えば，教科指導で「協働的な学び」が定常化すれば，それが学級の人間関係づくりにも，よい影響が生まれてくるということ

です。教科担任制と学級経営を，私は図のように捉えています。

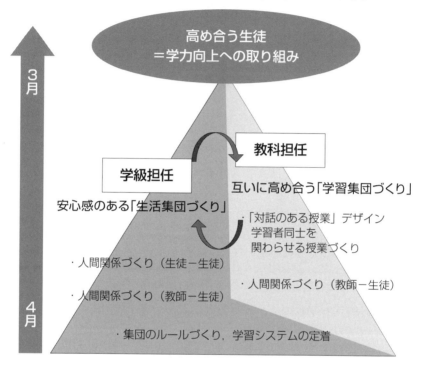

生活集団づくりと学習集団づくり

そこで私は学級担任として教科担任に策略を仕掛けました。それが「学級目標達成への道」という取り組みです。

当時の学級の学級目標は「礼儀　団結　仲間の協力」でした。学級目標の中の「仲間の協力」を授業中の姿で評価してもらいました。表向きは教科担任からの子どもたちへの評価です。

しかし，裏のねらいがあります。それは，

教科担任に，授業の中に協働場面を設定させる

ことを暗に求めたのです。そのために，質問項目の一つに「集団学習ならではの学びがあるか」という項目をつくりました。

次ページの授業評価用紙を，月に一度教科担任に配布し，コメントしてもらいました。評価用紙の最後の項目にある「集団学習ならではの学びがあるか」という項目に対する，各教科担任のコメントです。
○社会科教諭
　「地図帳で地名探しをすると，隣近所で確認し合う様子があります。男女分け隔てなくできていて good!」
○理科教師
　「私の発問が悪いのでしょうか。『教え合ってもいいよ』と言っても個々で学習を進めてしまいます。グループ学習などを取り入れれば，できる生徒たちだと思います」
○家庭科教諭
　「グループ学習する中で，自然と称賛やアドバイスの言葉が発せられています」
○数学科教諭
　「相談させたときに，うまく相談をする生徒たちだと思います」
　協働的な学びを肯定的に捉えているコメントや，生徒同士をどうやって関わらせるべきかで悩むコメントが寄せられました。このようにして，学級目標達成のためのクルーに，教科担任を巻き込むことを試みました。
　授業でうまく生徒同士が関われないとしたら，その原因は次の２つに集約されると考えています。
　・原因１　学級経営の中で，生徒同士の関係性が構築されていない
　・原因２　教科指導における課題や問いの質の問題
　原因１は，学級担任の学級経営の問題です。これを解消するには，日頃の学級経営の中で子ども同士の協働場面を増やすことが必要です。行事を関係づくりに活かすために，事後の振り返りで互いのよさを伝え合わせるような活動も効果があるでしょう。しかし，それ以上に学級担任自身の教科指導の中で，子どもたちが関わって学ぶ時間を設定し，学級の生徒たちにこう実感させます。

平成　年　月　日

1年1組　教科（　　　　　　）

教科担任（　　　　　　　）

お忙しいところすみません。
5分ください。

1年1組　学級担任　岡田敏哉

学級目標達成への道

　いつもお世話になっております。授業を通した集団づくりをしていただき、ありがとうございます。今月の1年1組の様子を教えてください。
　学級目標にそってお答えいただけますよう、お願いいたします。

3つの観点にそって、
　　今月の1組の授業の様子を教えてください。

1年1組学級目標

礼儀　団結　仲間の協力

助け、助けられながら個人が成長できるクラス
仲間の協力 — 他者貢献
団結 — 関係性
礼儀 — ルール

		<評価>
礼儀	あいさつ　チャイムスタート　道具の準備　宿題　等	<評価>
団結	全員達成課題への意欲的な取組　例　全員が〇〇を言える　　　全員が〇〇できるようになる　　　全員が〇〇を書けるように	<評価>
仲間の協力	学力低位の生徒への周囲のサポート　教え合い　学び合い　集団学習ならではの学びがあるか	<評価>

ありがとうございました。今後とも1組をよろしくお願いします。
<u>用紙は岡田の机上へ</u>お願いします。

> 「自分は一人でも学べるし，仲間とも学ぶ力がある」

　関係づくりは教科指導の目的ではありません。教科指導の当面の目的は，教科特有の知識・技能の定着と，教科に対する関心意欲の喚起などです。その副次的な効果としての「関係づくり」を戦略的に取り入れます。

　原因2は，各教科担当の授業デザインの問題です。中学校には「教科の壁」が根強くあります。学級担任が自分の学級に入る教科担任の教科指導に対して，あれこれ注文をつけることは難しいのが普通です。

　自分の学級で授業をする教科担任に対して，学級担任としてできることは，

> 「周りと関わって何かをするのが好きな学級集団」にしておくこと

です。その上で，じわじわと教科担任に生徒同士が関わって学ぶ授業を求めていくのが得策です。

　みなさんの学級目標の中にもきっと，「仲よく」「団結」「絆」などのワードで，子ども同士の関係性に関する内容があるはずです。それを学習集団づくりの軸の一つにして，教科担任と一緒に学習集団としての学級をつくってみませんか。教科担任を学級づくりの1つのリソースとして捉え，教科担任とタッグを組んでみるのはいかがでしょうか。

　中学校には各教科の専門家がいて，キャリアもいろいろな先生方がいます。きっとあなたの学級経営に力を貸してくれる同僚がいるはずです。

行事を使って育てる

キーワード 合唱　先輩への憧れ　生徒会選挙
文化祭シーズンです。行事を「こなす」のではなく「活かす」取り組みにします。また学校の主役交代に，1年生として関わります。

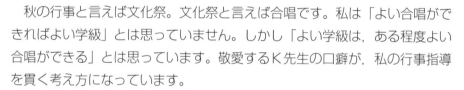

1 合唱コンクールは2つの視点で

　秋の行事と言えば文化祭。文化祭と言えば合唱です。私は「よい合唱ができればよい学級」とは思っていません。しかし「よい学級は，ある程度よい合唱ができる」とは思っています。敬愛するK先生の口癖が，私の行事指導を貫く考え方になっています。

行事は日常とつながっている。

　これまでの学級づくりとの関連で合唱指導を捉えます。私は合唱を2つの姿で見ています。1つは「芸術としての合唱」であり，もう1つは「協働場面としての合唱」です。

1 芸術としての合唱

　美しいハーモニーをつくるのは，音楽科教師の仕事です。音楽の授業でその土台をつくり，コンクール前の学級の練習時間にその質を高めていくのが本筋です。私には音楽科教師と同じことはできません。ですから，音楽科教師の「分身」を学級内につくります。次のような存在を活躍させます。

　・幼少からピアノを習っている子　　・合唱部の子　　・吹奏楽部の子

その子たちと一緒に音楽科教師のところへ出向き，自分たちの合唱曲をうまく歌うコツを学びます。そして，彼らにパートリーダー，指揮者，伴奏者などの役職を与えて，合唱づくりの推進リーダーに育てます。彼らの強みを集団に可視化するチャンスにもなります。

　1つだけ注意したいことがあります。それは上記の生徒たちが「音楽が好き」という共通点をもっていることです。この立場からの正論は「音楽が嫌い，合唱が苦手」という生徒へは届きません。ですからリーダーとなる生徒たちに，私はこう話をして協力を求めます。

> 　「音痴な人もいる。照れくさくて声を出すのが苦手な人もいる。だからみんなには，合唱練習をとにかく楽しくしてもらいたい。
> 　そのためにはみんなの「できているところ」を何度も何度も認めてあげてほしい。そしてちょっとがんばればできそうな課題を示してほしい。
> 　学級にはあなたの力が必要だ。力を貸してほしい」

　このメッセージを受け止めたリーダーは，「男子。ちゃんと歌って！」とは怒りません。相手をうまくのせようと気を配る子も出てきます。

2　協働場面としての合唱

　1年生の合唱には，人間関係のトラブルがつきものです。
・がんばろうとする女子生徒と真剣に取り組めない男子の対立
・コンクールに勝ちたい生徒と，結果はどうでもいい生徒の対立
・音程を外してしまう生徒への嘲笑が原因のケンカ

　以下は，私のクラスで起こった放課後の合唱練習中のトラブル事例です。どうしてもうまく音程がとれないH君がいました。コンクールで勝ちたい女子はH君のことをわかっていましたが，それを口に出して攻撃する人はいませんでした。でも，男子の一部がH君の歌声を冷やかし始めました。私はこのとき出張で不在。H君は周囲の男子と口論になり，教室を飛び出しました。原因をつくった男子生徒たちは，「お前らがいつも男子を責めるからだぞ。

いつもうるさいお前たちがいけないんだ」と言い，H君が飛び出していったのを，女子リーダーたちのせいにしたのです。その日の夜，私の携帯電話に放課後練習時のトラブルの一報が入りました。

　翌朝。私は朝の会でこう彼らに切り出しました。

> 「昨日の放課後練習でのトラブルのこと，C先生から聞きました。みなさんに聞きます。全員起立。『昨日の件に自分は関係ないな』と思う人は座ります」

　みんなが立っている中で自分だけ座るのは，よほど度胸がないとできません。さらに畳みかけます。

> 「全員が関係しているのですね。昨日の件について，あなたたちの口から事実を聞きたい。話して下さい」

　トラブルの中心になった生徒はわかっているので，周辺生徒から順番に指名して事実を語らせます。出来事を学級全員で共有します。次にH君を責めた男子生徒たちを指名し，自分の間違っていた言動を告白させます。

　いじめの最終段階の指導と同様です。事実を白日の下にさらすのです。その手順は，『周辺生徒⇒加害生徒⇒被害生徒』の順です。

周辺生徒に事実を語らせ，加害生徒に間違いを認めさせ，被害生徒の心情を全員で「共有」する。

　このとき，H君は涙ながらに自分のつらさを語りました。その後は，彼の苦手をみんなでカバーする方向に全体が動きました。

　私は「全員が合唱大好きなわけではない」という前提に立ち，子どもたちがそれぞれのベストを尽くすことに価値を置き，行事を学級づくりに活かしたいと思っています。

2 合唱づくりに効く2つの視点

1 効く言葉「声量と隣の人への信頼度は比例する」

音楽が好きな生徒は,放っておいてもがんばります。担任が目をかけるべきは,それ以外の生徒たちです。思春期の彼らです。全力で歌うことに照れがある子もいます。合唱が好きというベクトルに,「関係性」というベクトルをもたせ,「仲間のために歌う」という考えをもたせる語りです。

> 「合唱が好きな人は,合唱コンクールが待ち遠しいよね。でもちょっと考えて。合唱が嫌いな人もこの中にはいる。先生はね,それを否定はしません。(現状の受容)
>
> 今まで何回も合唱コンクールを見てきたけど,1つ言えることがある。それは,集団の声の大きさと隣の人との信頼関係は比例するってことです。つまりね,声が出せるかどうかは,どれだけ隣の人を信頼しているかってこと。『自分だけ声を出したら恥ずかしい』ってみんなが思ったら合唱にはならないね。
>
> この仲間で遠足も,テスト対策も,体育祭も全部乗り越えてきた。隣の人は信頼できない人ですか?違うよね。さぁ,みんなで歌おうよ」

合唱コンクールは秋に行われることが多いと思います。これまでの集団内の子ども同士の関係づくりの成果をここにぶつけます。合唱のうまさが学級の質を決めるわけではありません。しかし,「みんなで心を一つにして歌う」という共同作業は,互いの関係性なくしてはできないものです。合唱の質は,「歌うことが好き」×「仲間とするのが好き」の積であると言えます。

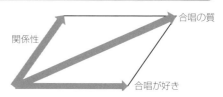

2 先輩に憧れをもたせる

　中学生は大人の話以上に，先輩の姿に感化されることが多くあります。私は３年生を「利用」します。３年生は中学最後の合唱にかなり真剣に取り組むことが多いです。その姿を見せます。体育祭が学年縦割りでチーム編成されている場合は，その先輩学級に見学をお願いします。見せるポイントは，

- ・指揮者のかっこよさ
- ・パートリーダーのかっこよさ
- ・女子の抜けるような高音
- ・男子の大人の美声
- ・真剣に楽しそうに歌う姿

　身体発達の違いが大きいので，３年生の合唱をコピーすることはできません。それでいいのです。３年生のすごさに圧倒されて教室に戻り，パートごとに思ったこと感じたことをシェアさせます。そして，彼らに話します。

> 「先輩たち，本当にかっこよかったね。さっきの先輩たちに頼んでおくね。「うちのクラスの合唱を見に来てね」って。
> （「えーーー！！！」という悲鳴）
> さぁ，先輩に胸を張って聞かせられる合唱をつくろう」

　中学校は時期の短い教育段階ですが，１年生と３年生には身体と心の発達に大きな開きがあります。そのギャップを利用します。

先輩への憧れ

が，彼らを高みへ登らせるポイントです。これをするためには，練習を見せてもらう学級の担任との，普段からの人間関係が重要です。職員室の中で学年関係なく談笑できる職員の人間関係を紡いでおきましょう。

生徒会選挙　来年度の学校を見据える

　12月は生徒会が代替わりする時期です。多くの学校で生徒会選挙が行われます。昔は小学校でも児童会選挙がありましたが，昨今は実施していない小学校が多いと聞きます。そうすると，中学校での生徒会選挙が彼らにとっての人生最初の選挙なのです。

1　選挙権を行使させる

　「自分もリーダーを選ぶ1票をもっている」この重要性を教えます。18歳時には，国政選挙への参加権をもつ彼らです。私が生徒会選挙を通して教えるのは，次の3つです。

> ①　与えられた選挙権は行使する責任がある。
> ②　誰を選ぶかは自分で決めなくてならない。
> ③　無効票0にする。

　国政選挙などでの投票率の低さが問題視されています。この責任の一端は私たち教師にあるのではないでしょうか。「どうせ誰がやっても同じ」「自分一人くらい投票に行かなくても変わらない」というあきらめの姿勢の一端は，私たち教師が生み出しているかもしれません。

　「投票に行く＝自分の生活を向上させる」そう考えられるようになるには，学校教育段階で，「自分たちで自分たちの生活を改善することができた」という実感が必要です。そうでなくては，「どうせ」という気持ちが先に立ってしまいます。「①与えられた選挙権は行使する責任がある」は，投票に行くことを強く印象づけるためのものです。

　「②誰を選ぶかは自分で決めなくてならない」は，選挙を人気投票にさせないためのものです。生徒会選挙はアイドルグループの人気選挙とは違いま

す。選挙公報を読み，立会演説会を聞き，立候補者が取り組もうとしていることを理解し，自分で決めて1票を投ずる。その過程をしっかり教えます。

「〇〇君があの人にって言うから」や「あの人は人気があるから」ではなく，立候補者の主張に注目することを教えます。

「③無効票0にする」は，選挙というものの厳格さを教えます。公正なルールに則って選挙は行われます。ですから，選挙ポスターへのいたずらなどは許されないことを教えます。公職選挙法の存在にも触れ，来るべき18歳の自分を思い描かせるのです。私の教育を通った子どもたちに，

「投票に行く＝自分の生活を向上させる」

という考えをもたせたいと思っています。

2 被選挙権を行使させる 来年度への助走

1年生にとっての選挙はとかく「2年生の立候補者に投票する場」と捉えられがちです。しかし，来年度の選挙では，彼らがそこでのメインプレーヤーになります。もうその下地づくりは始まっています。結論から言えば，

1年生から副会長などに複数の立候補者を立てる

ことがゴールです。この時期になれば，リーダー性のある生徒は，生徒たちの中でもかなり認知されます。学年からリーダー候補を募り，アンケートを実施し生徒会選挙に出馬させます。保護者の方とも相談しながら，来年度の学校づくりを視野に入れた取り組みを1年生から始めます。選挙を見据えて4月からリーダーを育てるのです。

「立候補者は2年生になったときに擁立すればいい」という考え方はNGです。この段階で生徒会リーダー候補を立てておくと，次のメリットがあります。

メリット①　次年度の学級編成で，生徒会役員候補を除いたリーダー生徒の配置に配慮することができる

メリット②　1年生立候補者を見て「来年は自分も委員長や部長など，学校の顔になる立場をやってみよう」と，1年生の中にチャレンジ精神をもった生徒が出るのを期待できる

　1年生の選挙。この時期に立候補者を立てられない学年は，2年生になったときの選挙で苦労します。立候補者を出すのを苦労する学年は，委員長や学年委員の選出にも苦労する傾向があります。多くの生徒が「自分がやらなくても……」と考えるからです。

　人は与えられた環境で成長します。1年生で立候補した生徒には，リーダーの立場を引き受ける心の準備をさせます。そして，それを見ている大勢の1年生に，

「自分たちが学校の顔になる。学校をつくっていくのだ」という自覚

をもたせます。2年生冬の世代交代の準備は，1年生のこの時期から始まっているのです。その準備を1年かけてやっていきましょう。

　学年全体を成長路線に乗せるために，1年生から立候補者を立て，学年全体を進級に向けた雰囲気にさせます。中間層を感化していきましょう。

第8章 学級経営の総点検

冬休み

キーワード　認める　つなげる　自立させる
終わりが見えてきます。ある程度の手ごたえと解散の寂しさを感じるときでもあります。ゴールを見据えて戦略を練ります。

学級づくりも残すところあと3か月。この時期に考えるべきことは，「目の前の生徒たちを，4月の新しい学級で生活していける状態にする」ということです。「何をするか」ではなく，「なぜするのか」の考え方を述べます。

1 ゴールを見据える

学級担任の仕事とは何でしょうか。学級担任の数だけ答えがあると思います。現在の私が考えるゴールは，

誰とでもチームになれる個人を育てること

です。

冬休みは，2年生進級時の学級編成を見据えて，学級経営のあり方を振り返る時期です。先の目標達成のために，私が心がけていることは3つです。

認める　つなげる　自立させる

1年間の終わりが見えてくる冬休み。この時期に，自分が育てたい子ども像と，2学期終わりの彼らの姿を比べます。生徒たちの何が向上したか。どこにまだ伸びしろがあるのか。学級経営の総点検を行います。

2 認める

教師が生徒を「認める」ことができているかを振り返ります。

- あの子がもともともっているよさを認めているか。
- 集団に貢献している姿を認めているか。
- その貢献を周りの子どもたちに伝えているか。

生徒は，自分のよさを自覚できているでしょうか。思春期の彼らは自分のダメなところに目が行きがちです。劣等感は成長のために効果的に働くこともありますが，強すぎる劣等感は彼らの成長の妨げになることもあります。「私って，こういうところはダメだけど，○○はすごいみたい」と，生徒たち個々に思わせたいものです。学級経営の成否は，良質な集団の中で個がいかに成長したかで決まります。ゴールが「問題行動が少ないから，今年はうまくいった」では，個の成長に資する学級経営とは言えないでしょう。

個の成長の土台は，「自尊感情」や「自己有用感」にあります。それらの意味を，国立教育政策研究所は次のように整理しています。

○【自尊感情】自己に対して肯定的な評価を抱いている状態を指す Self-esteem の日本語訳。
○【自己有用感】自分と他者（集団や社会）との関係を自他共に肯定的に受け入れられることで生まれる，自己に対する肯定的な評価

「自分は自分でいいんだ。自分は自分に自信がある」という自尊感情は，成長の土台になります。好きなことや得意なことがあり，そこで自信をつけられれば自尊感情を高めることができるかもしれません。厄介なのは，自尊感情を高めるにはもう1つ方法があるところです。それは「自分よりも下を探して自信を得ること」ことです。「まあ，あいつよりは足速いからいいや」「あの子よりは，友だちたくさんいるから大丈夫」「あの子よりも私のほうが

……」「あいつよりも俺のほうが……」

このような考え方をする生徒が学校で大半を占めていたとしたら，いじめにつながりかねません。間違った方法で自尊感情を得る生徒を生み出してしまいます。自尊感情と自己有用感。両者の関係を国立教育政策研究所は，こう指摘しています。

「自己有用感」に裏付けられた「自尊感情」が大切

自己有用感は，「人の役に立った。嬉しい」「みんなからがんばりを認めてもらえた。やった！」など，他者との関わりの中で自分を肯定的に認める感情です。独りよがりな自信や，自分よりも下を見て満足感を得るような感情とは質が違います。

人の役に立つ喜びや人に認められる喜びが，自分の自信の源泉になること。それが先に述べた「「自己有用感」に裏付けられた「自尊感情」」なのです。

自尊感情と自己有用感

個々のもつよさや強みを，今一度言葉にしてみましょう。通知表や年賀状で，それを文字にして伝えるのもいいです。大事なのはその後です。

教師発のよさや強みの認知を，生徒から生徒への認知に変えていきます。朝や帰りの短い学活，給食中や休み時間の雑談，学級便りの中など，教師発で生徒個々のよさを集団内に拡散することができます。3学期，何を使って生徒個々のよさを拡散しますか？

つなげる

　私は1年間をかけて以下の取り組みを行い、次の観点で生徒同士のつながりを点検しています。

取り組み	つながりの観点
称賛の拍手	・互いを認め合う場面で、全力で拍手を送り合う状態になっているか。 ・音量は十分か。
当番活動	・欠席者がいても、互いの役割を補完し合う状態になっているか。
授業で教え合う場面をつくる	・ペアの対話がすぐに始まる状態になっているか。 ・ランダムに組まれた即席のペアでも対話が成立するか。
4人班で課題解決活動	・対話を通して自分たちの納得解を導き出せるか。
学級全体で合意形成（クラス会議）	・全員が平等に発言権をもつ状態になっているか。 ・自分たちだけで合意形成できるか。

　中学1年生の学級編成は、基本的に小学校から送られてくる小グループを合体させたものです。編成に際して、中学校教師の意図が入る余地は「ピアノを弾ける生徒はいるか」「リーダー経験者は何人いるか」「大きなトラブルを起こした子が集まっていないか」程度です。偶然にでき上がった集団の中で、個々を「誰とでもチームになれる人」にして来年度につなげる必要があるのです。

　よく「人間関係づくりの力が落ちてきた」という論考を見聞きします。現代の子どもたちは、どのような特徴をもつのでしょうか。医師で臨床心理学を研究する鍋田恭孝氏は、現代の若者たちの生き方を考察し「『こぢんまり』と『まったり』した生き方が見えてくる」と述べ、それを「あきらめを含んだやさしさのある生き方」と呼んでいます。そして、現代の若者の生き方に

は，以下の特徴があるとしています。
- 安全第一に生きる
- すべてを『それなり』にこなす
- 興奮よりも安全が優先
- 内向きになっている
- 変わろうとする意欲がない
- 重い責任は背負いたくない
- 身の丈に合ったものを選ぶ
- 今のレベルを維持したいと思う
- 将来のために努力しない
- 理想像との乖離に悩まなくなった
- 社会の求める理想像という意識がなくなった

　鍋田氏の言う「あきらめを含んだやさしさのある生き方」とは，別の角度から見れば「必要以上に傷つかないための賢い生き方」とも言えるかもしれません。必要以上に傷つかないように，安全を考え，責任からは逃れ，大成功よりも『それなり』を志向し，身の丈に合ったものを選び，理想はあまり追求しない。そんな生き方が想像できます。

　人間関係においても「必要以上に傷つかないようにする賢いコミュニケーション」を志向しているのかもしれません。その最たるものがSNSなどのネット上のコミュニケーションでしょう。面と向かって話さないし，目を見ているわけでもないので，過度に傷つけたり傷つけられたりすることはありません。また，いわゆる若者言葉も過度に傷つかないための便利な道具として機能しています。「ヤバい」「ウザい」「〜的な」「〜っぽい」などです。堀裕嗣氏はそれらの若者言葉が「衝突を回避するために対立の芽をあらかじめ摘んでおき，フラットな関係を維持しようとするための配慮」として機能していると指摘します。

　上記のような現象は，子どもたちに限ったことではありません。社会のあり方と時代の流れには抗えないのかもしれません。しかし，時代が変わっても変わらないことがあります。それは，

社会は人と人で形成されていく

ということです。

　どこに住んでも，自治会のような地域の寄り合いは存在します。仕事をす

れば必ず上司や部下ができます。無人島で自給自足の生活をしない限り，私たちは人間関係から逃れることはできません。馬の合う人もいるし，自分とどうも合わない人もいる。それを一旦飲み込んだうえで，他者と一緒に生活したり，仕事をしたりする力はどんなに時代が変わっても不変なものです。

　そのような力を身につけたり，自分から他者とのつながりを求めたりする態度は，学校教育の段階で身につけるべきものだと考えます。学級生活を初めとする学校教育の中で，私たち教師は子どもたちに，

> 「他の人と一緒に何かをするのって，面倒くさいこともあるけど，悪くないこともたくさんある」という実感

をもたせる必要があるのです。

　生徒同士のつながりと言うと，「みんな仲よし」や「一致団結」というイメージが先行するかもしれません。それも悪くないですが，私は生徒同士がつながった状態をこうイメージしています。

> 個々が適度な距離感をもち，適度な人間関係の濃淡をもっていること

　学校の教室には，人間関係から逃げられる場所はほとんどありません。少なくとも１年間は，同じメンバーで同じ場所で生活することを強要されます。逃げるには，不登校という手段をとるしかないのです。だったら，教室を彼らが「居心地の悪くない場所」に仕立て上げるしか方法はありません。

　「人を傷つけない」や「相手を否定しない」という指導は，「適度な距離」をとらせる指導の入り口です。そして，学級内のすべての子どもたちが「人間関係の濃淡」をもってつながっている状態をつくります。濃淡があるということは「関係が０ではない」と同義です。目指すのは「誰とでもチームになれる人」にして，学級を解散することです。

4 自立させる

　学級づくりの目的は，良質な集団の中で強い個を育てることにあります。そのためには，自立という考え方を外すことはできません。私は以下の子どもの姿で，自分の学級経営を評価します。

- ルールを守れているか。
- 自分から行動できているか。
- 自分も相手も大切にする行動をしているか。
- 自分で目標を決めているか。
- 努力を継続できているか。

　自立は大きな概念なので，定義が必要になります。私は大前暁政氏の定義を参考にしています。大前氏は「自立した人」をこう定義します。

① 規範意識をもって，主体的に行動できる。
② 公共の精神をもち，他者と協調できる。
③ 自分の目標に向かって，努力を続けていくことができる。

　①を自律，②を社会性，③を自己実現の力と表現することもできます。私は大前氏の論を，こう言い換えて生徒たちに伝えます。

　自立した人とは，「ルールが守れて，自分から行動できる人【自律】」，「自分もみんなも大事にできる人【社会性】」，「自分で目標を決めて，コツコツとがんばれる人【自己実現】である」

　【自律】【社会性】【自己実現】。3つとも重要なことであり，学校で行われる教育活動はこのどれかに帰結するでしょう。
　生徒指導は【自律】を教えます。学校行事などは【社会性】を身につけさ

せることに主眼が置かれます。そして，１日の大半を占める授業は【自己実現】の大切な要素です。

この３つのバランスが大切であることを教えます。

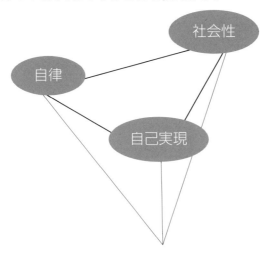

三角錐を逆さまに立て，その３つの角に【自律】【社会性】【自己実現】を乗せます。どれか１つが大きすぎても，三角錐はバランスを失い傾いてしまいます。

学級が荒れているときは，ルールを守らせることが必要です。学習から逃避させないことも必要です。集団と個人のあり方によって，重点をかける部分は違ってきます。しかし，いつまでもどれかに比重が置かれている状況は不健全と言えます。目指すべきところは，３つの要素を均等に合わせもつ個人を育てることにあるのです。

学級担任にたくさんのことが求められる時代になりました。日々の学校生活の連絡をすること，いじめのない学級をつくること，起きてしまったいじめを解消すること，学習習慣を身につけさせること，学力を上げること，進路情報を与えること，行事などで成功体験を味わわせること，保護者の期待に応えること，保護者の苦情に対応すること，隣のクラスと歩調をそろえること，学級便りで情報を発信すること，……。それに加えて教科担任として

の業務，部活動顧問としての業務もあります。教師の仕事を挙げ始めたら，枚挙にいとまがありません。
　では，本当に大切なことは何でしょうか。それは，

> 生徒が社会の構成員としての資質をもって中学校を終えること。
> そして，他者との関係の中で幸せな人生を送れる土台をつくること。

にあります。その資質の中核が，先に述べた自立（自律＋社会性＋自己実現の力）なのです。
　ルールを守れない人ではいけませんが，言われたことしかできない人では困ります。指示待ちだけでは何かを生み出すことはできないからです。
　自分を大切にするばかりの人では困ります。自己愛だけでは，結果的に孤立してしまうからです。
　相手を大切にするだけではいけません。自分を大切にできなければ，それはただの自己犠牲だからです。
　目標は与えられ続けるものでなく，自分で設定できたほうがいいのです。個人のがんばりの量や，目標に対する自分の現在位置を本当に知るのは自分自身だけですから。
　努力したら必ず思いは叶うわけではありません。しかし，努力を続けなければ，叶う願いも叶いません。自分で幸せをつかんでほしいと願っています。
　人生の中のたった３年間の中学校生活です。目の前の子どもたちに何を残しますか？
　学級生活も残すところあと３か月余りです。学級のゴール像を再確認し，子どもたちを認める場面を洗い出し，子ども同士をどうつなげるかを考えます。その先に，自立した個人の育成を描きたいものです。

コラム 生徒指導は気力・体力・？力

　初めて着任した学校におじいちゃん先生がいました。よく私に話してくれたのは，生徒指導のあり方が時代とともに変わってきたという実感でした。
　昔の生徒指導は，「気力・体力・暴力」だったと言います。かつて「鬼」と恐れられたおじいちゃん先生は，竹刀の先にチェーンを付けて校内を歩いていたそうです。映画のワンシーンか！
　では，今の時代に求められる生徒指導のあり方とは何でしょうか。現在の私はこう考えています。

生徒指導の基本は，「気力・体力・環境設定力」

　ここで言う環境とは，当該生徒の周りにあるものすべてを指します。教師，友人，級友，親，先輩，後輩，スケジュール，施設，気温，湿度，……。それらを意図的に設定します。その目的は，

周囲の環境によって，望ましい言動をとってしまう状態をつくること

にあります。先輩方から見たら，「何と弱腰な！」とお叱りを受けるかもしれませんが，暴力はすべて悪の時代です。国防についても，軍事力の行使が実に慎重に議論される時代です。公的教育機関である学校は，その路線から外れるわけにはいかないのです。体罰の弊害も明らかになっています。
　子どもにとっての最大の環境は，仲間の言動です。周囲の生徒を明るく前向きにします。望ましい行動を「先生も嬉しいよ！」という感情とセットで評価します。周囲の生徒の言動に，感化されるような環境設定をします。
　集団の大多数を占める中間層の空気をつくり，生徒指導事案によく名前が出る生徒を「気付いたらそうしていた」という状態にさせます。
　現代の生徒指導は，「気力・体力・環境設定力」が重要です。

集団づくり最終形態

 キーワード 誰とでもチームに　課題解決の力
学級経営のゴール地点。良質な集団の中で，誰とでもチームになれる個人の育ちを確認します。1年間お疲れ様でした！

1 良質な集団の中で強い個を育てる

　学級経営のまとめのときです。現状の姿を確認し，不足部分に手を入れます。単学級の場合は，1年間で生徒たちができるようになったことを自覚させ，互いの関係性の濃淡をなるべくムラがないようにさせます。それが来年度4月への助走になります。複数の学級がある場合は，解散の準備をします。解散前につけさせたい力とは「誰とでもチームになれる」力です。「このクラスでよかった」という生徒の思いは大切ですが，「このクラスじゃなくては生きられない」のでは困ります。この時期にこんな話をします。

> 「私がみんなに言われて一番悲しい言葉って何だと思う？それはね，2年生になったあなたたちに『先生，去年のクラスがよかった』って言われること。○組は，あと2か月で解散します。『去年のクラスがよかった』。その言葉から先生が受ける感じはね，『先生は私を1年生のクラスでしか生きられない人にした』と同じ意味に聞こえるのです。
> 　「誰とでもチームになれる人」になって，1年生の学級を終えようね」

　単学級の場合も複数学級の場合も，良質な集団の中で，個の育ちを保証できたかどうかが振り返りの重要な視点になります。「個人的な資質の育成」

について，学習指導要領にはこう述べられています。

個人的な資質の育成

　一人一人の生徒が，真の自己実現を目指すには，心身共に不安定な中学校段階のこの時期から，変化していく社会の中で自ら学び自ら考える態度を育て，たくましく生き抜いていくために必要な資質を養っていかなければならない。(中略)現在および将来の生活の中で直面する諸問題に対して，逃げたり避けたりすることなく，最善を尽くして問題の解決に当たり，現在の自己のもっている能力を十分に発揮し，正しい問題解決の方法や態度を学ぶ機会とする必要がある。

(学習指導要領特別活動編第2章1(2))

上記の個人的な資質の育成のために，4月から学級を「チーム」として育ててきました。本書の編者である赤坂氏の述べるチームとは，

① 一人ではできない課題を，
② よりよい関係を築きながら，
③ 解決していく集団

です。そのチームづくりのベースとなるのが，これまで述べてきた「ルール」「システム」「関係性」です。

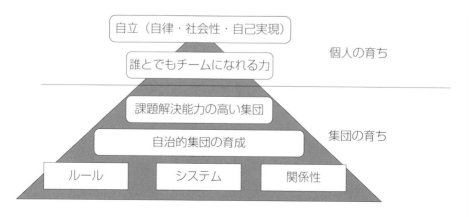

どの段階のどの力を保証するかは，1～2月のこの時期の学級のあり様で決めるべきです。荒れが見られる状態であれば，秩序回復が最優先です。先に示した図は，中学1年生で完璧を求める姿でもありません。中学校3年間をかけて，長い目で達成していけばいいと思っています。
　一方で，巻頭でも述べたように，指導が入りやすい1年生の段階に，あれこれと手を打っておくと，教師の指導に余裕が出てくるのも事実です。
　先に述べたルール，システム，関係性の観点から現状把握をします。

項目	生徒の具体的な姿
ルール	□生徒はルールを順守しているか。 □なぜルールを守るのかの意義を理解しているか。
システム	□係活動でどの役割でも取り組めるようになっているか。 □欠席者がいても役割を補完し合う姿はあるか。 □教師不在でも当番活動が問題なく機能するか。
関係性	□学級の誰と班になっても活動できるか。 □ランダムに組んだペアで活動できるか。 □生活上の課題を，自分たちで解決できるか。 □自分たちで課題解決できる自信をもっているか。

　では，その先にある課題解決の力をどう育てるか。生徒たちに課題解決をする必要感をもたせることが重要です。必要感のないところで人は動きません。必要感のないところで人は育ちません。
　では，課題解決の力の育ちをどう見取るのか。それには課題解決させてみるしかありません。課題解決の力を育てるには，

> 適度な負荷のある活動を，楽しんで乗り越える経験をさせる

ことが重要だと考えます。他者とともに楽しんで課題を乗り越えた経験は，「生活の中で直面する諸問題に対して，逃げたり避けたりすることなく，最善を尽くして問題を解決」していく個人の資質になっていくはずです。
　では，「適度な負荷のある活動」とはどのようなものでしょうか。私は次

の点を含む活動がそれに当たると考えています。
- ① 活動の目的が明確である　② 協働する必要がある
- ③ 活動の自由度が高い　④ 一定の決定権が生徒に委ねられている
- ⑤ 期限が決まっている　⑥ 期限前なら何度でもやり直せる

　中学校の学級担任は小学校の担任とは違い，学級に対して自由に使える時間は限定されています。新しい取り組みをするのはとても難しいと感じます。それでも，時間のやりくりをして課題解決の取り組みをしている中学校教師が，日本中にいます。

　以下，学級でできる課題解決の取り組みを2つ紹介します。

　1つ目は，定常的に行える「クラス会議」。2つ目は，学年全体のイベントとして行う「学年フェスタ」という取り組みです。両取り組みに共通しているのは，

> **正解は与えられるものではなく，自分たちの納得解の中にある**

という考え方です。

　かつて民間校長として活躍した藤原和博氏は，「納得解」を「自分が納得し，かつ関わる他者も納得できる解」と呼んでいます。価値観の多様化した現代です。個人の数だけ正解があり，個人の数だけ正義があります。つまり，正義の反対にも正義があるような時代です。それらに折り合いをつけながら，その場にいるメンバーでその場を乗り切る解をつくり出していく経験が，今後の社会を生き抜いていく力となるでしょう。

　先に述べた「適度な負荷のある活動を，楽しんで乗り越える経験」を通して，自分たちの「納得解」を導き出す態度を育てます。その行く先は「課題解決の力」の育成にあります。ご自分の目の前の子どもたちに合わせて，アレンジしていただければ幸いです。

2 クラス会議　個人のお悩み相談会

　私は学級づくりのために「週１回のクラス会議」を取り入れています。次の流れで行います。

【クラス会議の流れ】
ア　机を動かして，４人班をつくる
イ　各班がホワイトボード，マーカー１本，雑巾（文字を消すため）を用意
ウ　級長が「今日のお題」を板書（お題は個人の相談ごとがほとんど）
エ　相談ごとをもちかけた本人への質問タイム（詳細の確認など）
オ　４人班でホワイトボードに記入しながら，なるべく多くの解決策を出す
カ　お題の提案者は机間巡視しながら，気になる解決策を見つける
キ　すべての班のホワイトボードを黒板に貼る
ク　提案者が解決策を選び，みんなにお礼を言う
ケ　クラス会議は毎週木曜日の帰りの会に実施し，20分以内で行う

　お題は様々です。
・「弟が言うことを聞かないんだけど，どうしたらうまくいくか」
・「祖父が犬の散歩をさぼって祖母に押しつけている。どうしたらいいか」
・「テレビが気になって，勉強がはかどらない。どうしたらいいか」
・「妹の屁がくさすぎるんだが，どうしたら一緒に生活していけるか」
・「子どものやる気に火をつける親のナイス一言」（親子クラス会議）

個人的なものがほとんどです。赤坂氏のクラス会議の考え方をベースにしていますが，級長君の「先生，輪になるクラス会議だと一人ひとりの発言が少ないので，班でやりませんか？」の提案で今の形になっています。相談者は「みんなが自分のために時間をくれてありがたいと思った」と話します。「仲間に頼れる安心感」が私の協働的な集団づくりの核になっています。

　当初，この取り組みを週1回の学級活動の時間に行っていました。しかし，中学校では学級担任の裁量で運用できる時間が限定的です。学校行事やその他，多方面からの要請で，学級担任が自分のやりたいことをやりたいようにやれる時間はほとんどないのが現状です。時間をつくれないことを，同じ学年部の同僚に愚痴を言ったとき，妙案をもらいました。

給食を食べながら終学活をして，終学活の時間に「20分」の班会議をする

　「20分」というのが重要です。こうすることで，放課後の部活動にも支障が出ません。

　部活動は，中学校現場では大きな影響力をもっていることが多いです。「クラス会議をやっていたら部活動に遅れて，顧問に怒られた」となっては，子どもたちは班会議に対して否定的な感情をもつようになってしまいます。学級活動に情熱を傾けるのはすばらしいことですが，周囲とのバランスも重要なのです。

　初めは，くだらない議題であればあるほどいいのです。楽しい話題で話し合えない集団が，本当に困ったことや，いじめが起きたときに話し合える集団になり得るでしょうか。彼らに体得してほしいのは，「私には生活を変える力がある」という実感です。自分の個人的な悩みをみんなに相談できる学級は，問題を解決していける集団になります。

3 ゴールの姿
課題解決の最高潮「学年フェスタ」

　教育は「操作」とは違います。教師の指示通りに生徒を動かす段階も，学級づくりの初期には必要ですが，それがゴールではありません。教師の予想を超えることを期待し，願いを語り，動く必要感をもたせること。それが学級解散の見えてきたこの時期に，学級担任がもつべき思想だと考えます。

生徒を信頼し委ねること

でしか，教師の予想を超える生徒が出てくることはありません。

　中学１年生３月の理想的な姿とは，どのようなものでしょうか。３年生には卒業式があります。２年生には各場面でのリーダーとしての姿があり，実施時期にもよりますが，修学旅行での姿がゴールになり得ます。他学年と比較すると，意外と１年生の理想の姿は，ぼやけたものだったり，共通理解がしにくいものだったりするかもしれません。

　１年生の終わりには，集団の中でどのような行為行動がとれるようになればよいのか。良質な集団の中で強い個を育てること。その先には，誰とでもチームになって成果を上げることができる力を身につけることが挙げられます。本取り組みである「学年フェスタ」の内容をひと言で言うと，

限られたメンバーで，限られた時間で，正解もなく，正解への道筋もない課題に対して，自分たちの納得解を出し続ける取り組み

です。学習指導要領にある「望ましい人間関係の確立」について，解説には「自己表現力やコミュニケーション能力を高める体験的な活動，学級成員等の親睦を深める活動など，様々な展開の工夫」が必要だと書かれています。

　それを具体化した取り組みが，「学年フェスタ」なのです。

1 学年フェスタの概要

(1) 内容

・各学級が3種類のゲームやアトラクションを企画し,生徒の半分が運営を行い,残りの半分が客として各アトラクションを楽しむ活動。
・各学級の生活班(6名程度)2つで,1つのアトラクションを担当する。
・開催時間を前半と後半に分け,運営と客の立場を入れ替えながら行う。
・上級生が不在の日(2年生スキー授業のため,学校には1年生と3年生しかいない状態の日)に実施する。前校舎1階,体育館,第2体育館,後校舎1階・2階を会場に実施する。

・アトラクション例(ネーミングは生徒の発案そのまま)
「teacher hunter」,「落としちゃや〜よ」,「ぐるぐるボーリング」,「射的」,「Hi-Hi迷宮」,「空き缶ニョキニョキ」 他
・全6学級で18種目のアトラクションを企画・運営する。

(2) 授業の位置づけ

5限と6限を学級活動の時間として運用します。

2 本取り組みで生徒に求められる資質・能力

企画力:「何をして客を喜ばせるのか」「どうやって集客力を上げるのか」「限られた時間でどのように準備を進めるのか」「自分たちがもちうる資源の中で出しうる最善解は何か」それらを総合的に検討し,企画を0からつくることが求められます。

協働力:運営は6人班(給食・清掃当番などの生活班)で行います。6人で

担う役割は多様です。受付，タイマー，審判，説明，道具の出し入れ，設備の補修，記録，集客など，1人1役では全く機能しません。役割分担だけでなく，仕事と仕事の「隙間」を埋め合う協働力が求められます。

関係力：互いの主張を束ねながら，企画を形にしていく過程が必要になります。しかも互いのアイディアを出し合いながら，「客を喜ばせる」という目的を達成しなくてはいけないのです。ただの仲よし集団ではできません。互いの強みと弱みをわかり合っている関係のある集団にこそ，A案＋B案から新たなC案を生み出すような高度な協働力が生まれます。

改善力：実際に運営してみると，思い描いていたシナリオ通りにはいかない事態に遭遇します。そのときに運営の「改善」が必要になります。「待っている客が多い。どうするか」「ルールがあいまいな部  分が客の不信感を生んでいる。どうするか」「道具が不足している。どうするか」それらの課題を限られたメンバーと限られた時間の中で改善していき，客の満足度を上げる力が求められるのです。

3 「7年生」の自覚

　小学校の文化祭などで同じような取り組みをする学校もあります。このときの生徒たちに聞くと，3分の1程度の生徒が，アトラクションをつくり客をもてなす行事を，小学校で経験済みでした。小学校のそれとの違いは，「少人数での運営であること」「客が同級生であること」「準備期間は学活3時間であること」でしょう。私は子どもたちに迫りました。

> 「小学6年生と同じことしてもね〜。だって，あなたたち，7年生でしょ？すごいことやるんだろうなあ。楽しみにしているよ」

　子どもたちのプライドに火がつきます。その小さな火が，かつての私のクラスで大炎上しました。ある班の取り組みの詳細を述べます。

4 教室に巨大迷路出現「Hi-Hi（ハイハイ）迷宮」

　ある年の私のクラスの1つの班が、「迷路を作ってタイムを競うアトラクションにしよう」と企画を立てました。以下、子どもたちの企画段階の会話です。

　「どうやって作るの？」「イスと机でやれるんじゃない？」「暗くないと面白くないよ」「じゃあ、暗幕引けばいい」「机とイスじゃスカスカで暗くならないし」「段ボールは？」「かなりの量が必要だね」「横だけじゃなくて、段ボールで天井も付けようよ」「ハイハイしながら進むってどう？難しいし面白そう！」「段ボール、どれくらいいるんだろう？」

　その日の終学活。クラス全体に彼らは呼びかけました。

　「みなさん、私たちの班は今度の学年フェスタで、迷路を作ろうと考えています。お願いがあります。家にある段ボールを持ってきて下さい」

課題①　「段ボールが足りない！」

　それから1週間。ある程度の枚数の段ボールが集まりました。次の学活の時間に迷路の通路1本を試作。そこで問題が起こりました。段ボールが予想以上に足りないのです。各家庭にあるものでは足りません。それくらい、彼らが作ろうとしていた迷宮は大がかりでした。

　次の日。別の班の女の子が「先生、私のうち花屋だからタイミングがよければ段ボールを用意してくれるって」。保護者の方からも搬送にご協力いただき、花の香りがほんのり漂う大量の段ボールを手に入れることができました。子どもたちはその花屋さんに感謝を示すために、迷宮の入り口に看板を付けました。

　子どもたちなりの感謝の示し方が、素敵な看板となりました。

課題②　「リハーサルができない！」

　本番前日。学級活動の時間を1時間とり、全学級のすべての班が自分たち

のアトラクションのリハーサルを行いました。うちの迷宮班を除いて。

　迷宮班の割り当ては，いつも自分たちが使っている自教室です。音楽室などの特別教室であれば，あらかじめ迷宮を作っておいたり，少しずつ作業を進めたりすることもできましたが，教室割り当ての関係でそれはかないませんでした。運営のリハーサルどころか，迷宮全体を作ってみることもできません。ぶっつけ本番。準備時間はたったの20分。「本当にできるのか？」さすがに子どもたちに焦りの色が見え始めました。

課題③　「話し合っている時間がない！」

　本番が迫ってくるに従って，迷宮の細かな設計図が必要になります。しかし，学活の時間はもう使えません。私はこう思っていました。

　「十分に協働できているし，これまで成功体験も積ませてきた。今回の失敗はきっと得るものがあるだろう」

　担任である私があきらめていました。生徒たちにあらかじめ示しておいた取り組みのルールの中に，「部活動の時間は部活動が最優先。放課後に残って活動することは認めない」とありました。アイディアを突き合わせ，迷路全体の設計図を引き，20分で迷宮を作り上げるための明確な役割分担が必要なのは，誰にもわかっていました。しかし，私は時間を特別にとることはしませんでした。そして「失敗から学ぶこともある」と，あきらめていました。

　翌朝。「先生，これでいけると思うんです。20分で」

　机の配置，数，向き，段ボールで覆う部分と覆わない部分はどこか，誰がどこを作るのかなど，詳細に書き込まれた迷宮の設計図が私の前に差し出されました。私は目を疑いました。

私「えっ!?いつやったの？昨日まで何もできていなかっただろ？」

生徒「私と小林君が中心になって，ラインで絵を写真に撮ってやりとりしながら作りました」

　しばらく言葉を失いました。子どもたちは本気だったのです。あきらめていた自分が恥ずかしくなりました。

生徒「先生，１つお願いがあります。机とイスが足りないんです。隣のクラ

スから借りることはできませんか？」

すぐに同じフロアにある2つの学級の担任のところに出向き，それぞれの教室で催されるアトラクションを担任に聞き，こちらにいくつ机とイスを回してもらえるかを調整しました。必要な数は確保できました。しかし，問題はここからでした。

課題④　「準備時間が足りない！」

本番は5時間目がスタートです。校時表は次のようになっていました。

　　12：40　給食準備開始　　12：50　給食開始
　　13：10　給食片付け　　13：15～13：35　昼休み
　　13：40　5時間目開始

準備に確保されている20分とは，13：40から14：00までの20分間です。それをなるべく長くするためには，昼休みの時間を確保するしかありません。この段階にくると，他のアトラクションを担当する別の班の子どもたちも，迷宮の完成を見たい気持ちになっていました。

「今日の給食当番，誰？準備めっちゃ急ごうね」

「私今日は速く食べるよ」

本番の朝からそんな会話があちらこちらから聞こえていました。同じフロアの2学級の担任にも，給食をなるべく早く終えて，机とイスを取りに行かせてほしいと依頼しました。

4時間目終了。子どもたちの動くスピード，食べるスピードが3倍速に見えました。全員が誰も見たことがない「Hi-Hi 迷宮」の完成を待ち望んでいることがわかりました。

13：00。全員がいつもより10分早く給食を食べ終わっていました。いつもは人一倍給食に時間がかかる女の子も，口いっぱいに給食をほおばって，仲間のためにがんばってくれました。

「ごちそうさまでした！」食器の片付けが始まると、「Hi-Hi迷宮」班の指示が飛びます。
「みんな，イスを机の上にのせて，全部こっちに動かして下さい」どんどん机とイスが動きます。それぞれの担当する箇所を組み立て始めます。同じフロアの2つの学級から，机とイスをもらい受けに行く人員が足りないため，他の班の生徒も協力しました。
生徒「先生，机とイスをもらってきます。廊下に出ていいですよね？」
私「そうだね。よろしく」
　私のクラスでドタバタと作業をする生徒たち。迷宮班ではない子どもたちもすごく楽しそうに手を貸しています。自分たちの教室にある机とイスでできることはほぼ完了。しかし，他の学級からなかなか机が届きません。恐る恐る様子を見に行くと，まだ給食を食べている子がいて，片付けができない状態でした。仕方ありません。もともと無理なことをお願いしているわけですから，「急いでくれ」とは言えません。子どもたちにできる精一杯は，廊下の窓に張りついて暗黙のプレッシャーをかけることだけでした（笑）。
　他の2つの学級も，通常よりも数分早く「ごちそうさま」をしてくれました。私のクラスの子どもたちはどんどん机とイスを取りに行きます。暗黙のプレッシャーに押されたのか，他のクラスの子どもたちも運搬を手伝い始めました。狭い廊下です。体がぶつかったり，机がぶつかったりします。
「ねぇ，ちょっと道あけて」「机はこっちにかためよう。イスはこっち！」
　もう私のクラスだけでなく，他のクラスの子どもの中にも周囲を動かすリーダーが出てきました。
　13：35。5時間目スタート5分前。この段階には全員が各自のアトラクションの準備に向かっています。教室には迷宮班しかいません。時計を気にしながら，自分の持ち場を必死に作る姿がありました。多くの教師も「いったいここで何が始まるんだ？」と興味津々。各自の担当部分がある程度形になってくると，迷路の接続部分の作成です。

「もうちょっとこっちまで伸ばせる？」「向きを少し右に寄せてみて。そこでOK。ありがとう」
　「段ボール足りないんだけど，余ってない？」「ガムテープある？ちょうだいちょうだい。」
　まるで，工事現場にいるようでした。現場監督は図面を引いた２人の生徒でしたが，全員がリーダーシップを発揮していました。

　14：00。学年生徒全員が体育館に集まり，学年フェスタの始まりです。実行委員の生徒の挨拶や諸注意がなされ，学年生徒の半分がアトラクションの運営に当たり，残り半分が客として遊ぶ企画のスタートです。しかし，迷宮はまだできていません。やはり予想していたよりも難しい作業でした。

　14：15。他のアトラクションから少し遅れて「Hi-Hi迷宮」が姿を現しました。

課題⑤「待ち時間が長すぎる！」

　「Hi-Hi迷宮」は大盛況でした。客の生徒たちの期待値も高かったらしく，長蛇の列ができました。次から次へとお客さんが集まりました。
　ところがそれが新しい課題となりました。あまりに待ち時間が長いので，客たちはしびれを切らして別のアトラクションに行ってしまったのです。そこで彼らは，短時間でミーティングを行い，運営システムを変更しました。
　「１人当たりどれくらい時間かかっている？」「２分以内だね」「じゃあ，入れ替えも含めて３分刻みでいけるんじゃない？」
　彼らは改善のための合意形成をしていました。彼らがとったのは，「時間予約制」という作戦。数分おきに予約をとり，客の回転率を上げるようにしました。その場でそのメンバーで考え，合意形成することを通して，自分たちがとりうる納得解を考えたのです。

5 他者への貢献意識

学年フェスタの翌日の終学活の前。迷宮班が私にこう言いました。

> 「隣とその隣のクラスにお礼に行きたいんですけど，いいですか？」

聞けば，迷宮の完成に協力してくれたことに対するお礼の言葉をしたためたポスターを作ってきたとのこと。私は快諾しました。彼らは2つの教室に向かい，それぞれの担任に事情説明をして時間をもらいました。そしてきちんと整列をし，お礼の言葉を述べ，深々と頭を下げていました。

涙が出ました。嬉しいというよりも，迷宮の完成をあきらめていた自分が情けなくなり，彼らに申し訳ない気持ちでいっぱいになったからです。

子どもたちは事後にこう感想を述べています。

- 「私は責任をもって役割を果たすことができました。運営していて，<u>予約したけどできなかった人，やりたくてもできなかった人がいたので，とても後悔が残っています</u>」
- 「予想以上にお客さんが来てくれて嬉しかった。（客の）回転数が上がらず，<u>寒い廊下で待たせてしまったプレーヤーに申し訳ない</u>」
- 「リハーサルができずぶっつけ本番だったけど，<u>開始時間に間に合ってよかった</u>。これは2組，3組，そして1組のみんなのお陰。<u>感謝の気持ちで</u>あふれています」
- 「「人を楽しませる」を目標に運営しました。不満げに帰る人がいないように，声を出して盛り上げました。<u>笑顔でみんな楽しんでくれてよかった</u>」
- 「運営のとき5人でやるには仕事が多くて，自分の役割を理解していない人がいたり，やる気のない人がいたりすると運営が大変だった。<u>それを補うために努力することはとても大変だとわかった</u>」
- （その場で改善を図った事例）「どれだけお客さんを呼べるかを<u>工夫して，みんなで相談をして，看板を何個も作って宣伝した</u>」
- （その場で改善を図った事例）「プレーヤー1人当たりの<u>競技時間が長くな</u>

ってしまったので、「予約システム」にしました」

　他者のために労を惜しまない姿。他者の喜びを自分の喜びに変える姿。素敵な姿がたくさん見られました。特別活動のよさは、なすことによって学ぶところにあります。小さな成功体験で自信をつけさせ、次の取り組みに挑戦させることが重要です。しかし「成功させること」が目的化してはいけないと、彼らに教えられました。

適度な負荷のある活動を、楽しんで乗り越える経験をさせる

　「適度な負荷のある活動」を仕組むことで、生徒は教師の予想を上回る動きを見せます。活動の自由度が高ければ高いほど、自分たちで話し合い、取り組みの方向性を決め始めます。初めは、気の利く子がリーダー役をしますが、時間や期限が迫ってくると、全員がリーダーシップを発揮し始めます。コミュニケーション量が増え、自然と協働場面が増えてきます。

　取り組みを成功させるために、生徒たちは力を合わせます。コミュニケーション量が増えるので、自然と関係性が濃くなっていきます。そして、みんなで「楽しんで乗り越える」ことができます。取り組みの質は、低いよりは高いほうがいい。そんなことは生徒たちが一番よくわかっています。取り組ませれば取り組ませるほど、質の高いものを求め始めます。そこで時間制限を加え、「限られたメンバーで、限られた時間で、正解もなく、正解への道筋もない課題に対して、自分たちの納得解を出し続けること」の重要性を実感させることができるのです。

　3月。みなさんは学級の中学1年生に、どんな姿になってほしいですか。その姿を引き出すシステムは敷いてありますか。教師の想像を超える動きをする生徒たちが出てくる可能性はありますか。

　行事はこなすものではなく、活かすものです。子どもたちを信頼し、委ねてみるのはいかがでしょうか。彼らの力を信じて。

教師の仕事

　教師の仕事とは何でしょうか。そして，教育とはどのような営みでしょうか。中国の古い諺に，「小医は傷を癒し，中医は人を癒し，大医は国を癒す」という言葉があります。私は教師に置き換えて，

> 小教師は見た目を育て，中教師は考え方を育て，大教師は人を育てる

と考えています。中学校は義務教育の最後の3年間です。きちんとした大人の態度を生徒に求めることが多くあります。きちんと整列する。私語をしない。服装はビシッと。返事は大きくなど。

　それらも当然大切です。中学を卒業したら就労する生徒もいるわけですから，社会で通用する「見た目」を彼らに育てなくてはなりません。それと同時に「なぜそうするのか」という価値を考えさせたいものです。

　時間を守ったりルールを守ったりすることは，他者からの信頼を獲得し，メンバーに仲間として認めてもらうための最低限必要な態度です。「教師に怒られるからきちんとする」というレベルで終わらせては，義務教育段階最後の教育機関の務めを果たしたことには決してなりません。

　「なぜ，そうするのか」という「考え方」を身につけた生徒は，自発的に行動し始めます。教育は操作とは違います。教師の思い通りに子どもを動かす段階を経て，誰とでも力を合わせて成果を出せる個人に育てます。それが本書で一貫して主張してきた

> 誰とでもチームになれる個人にする

という考え方です。

　教育は「人」を育てる営みです。教師ドラマのように，教師と生徒がぶつかり合いながら心を通わせる場面があってもいいですが，大切なのは教師が

どうするか以上に，子どもがどうなったかです。

　学級を良質な集団に育て，生徒を「人」として育てる。それには手順があります。安心と安全を保障するためのルールづくり，大人がいなくても自分たちの生活を力を合わせて円滑に進めるためのシステム，そして，自治的集団に向かうための生徒同士の関係性。それらの育て方を1章から順を追って述べてきました。

　「どうすればいいか」に加えて，「なぜそうするのか」という，その背景にある考え方も併記しました。地域によって，各行事などは実施時期が異なりますので，本書の通りの実践は難しいかもしれません。しかし，根底にある考え方は時期に左右されるものではありません。

　本書のどこか1行でも，みなさんの学級づくりに役立つ部分があるとすれば，それに勝る喜びはありません。

1年間を乗り切るコツ

キーワード ルール先出し　教師の感情　学年部

毎試合ホームランを打てる野球選手はいません。教師も日々の成功と失敗を繰り返しながら成長していけばいいのです。私の考える「がんばらないけど，負けない」コツを紹介します。

1 安心と安全をつくるルールの先出し

4月。子どもたちに教師の話はよく入ります。しかし，時の経過とともにそれが効かなくなります。子どもの興味・関心が「先生との関係」から「周囲の仲間との関係」に移るからです。

トラブルは，ときに集団と個人にとっての成長材料になります。しかし，毎日のようにトラブルが起きていては，勤務時間のほとんどをその後追い指導に費やすことになります。それを防ぐための方法は一つです。

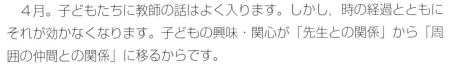

踏み越えさせないルールを「先出し」する

ことです。ルールの先出しのメリットは次の3つです。

メリット1：大半の子どもたちの問題行動を予防できる（第3章参照）。
メリット2：少数の問題行動を起こす子どもたちへの対応に集中できる。
メリット3：ルールが先にあるため，それをきちんと守っている子どもたちを肯定的に評価できる。

ルールは子どもを縛るためのものではなく，集団の安心と安全を担保するためのものです。先出しすることで，前向きに学校生活に取り組める子どもが増えます。

学校共通のルール・学年共通のルールを掲示しましょう。そして、問題行動や子どもたちの気になる言動があったら、子どもをその掲示場所に連れていき、話をします。

　私たち教師が、子どもたちにかけられるコストは有限です。２割を育てに育て、６割を先の２割に感化させます。集団にはいろいろな子どもがいます。まずは８割がよくなればいいのです。あとは個別に対応し、集団生活にじわじわと馴染ませていけばいいと思っています。

　生徒に何かを指導する際に、次の４点を意識すると効果的です。

① 指導事項を伝える　② 映像をイメージさせる
③ 価値を語る　　　　④ 期待を伝える

【例】指導事項「校舎付近で雪玉を投げない」

　「心配していることがあります。それは、校舎の近くで雪玉を投げ合うことについてです。(指導事項)

　私が以前勤めた学校であった大事故です。昼休みに鬼ごっこをしながら雪を投げ合っていた生徒たちがいたんです。Ａ君が逃げていて、Ｂ君が追いかける。Ａ君は教室に逃げ込んで、ドアをピシャッと閉めたの。それを見たＢ君はドアのガラス戸に向かって雪玉を投げました。次の瞬間、Ａ君の目からたくさんの血が……。そう、Ｂ君の投げた雪玉がガラスを貫通したのです。(映像のイメージ)

　学校の一番大切なことは、学力向上でも部活動でもありません。あなたたちの命が守られる場所にすることです。校舎の近くで雪遊びをすると、予想外の問題が起こる危険性があります。(価値を語る)

　お互いの命を大事にできる学年にしようね。校舎付近では、雪玉を投げない。よろしいですね。(期待を伝える)」

　生徒の中にある言葉をうまく使いながら、彼らの納得を引き出しましょう。

変えられることにコストをかける

　雨天の日,「何で雨なんか降るんだよ！」と怒っても仕方ありません。電柱にぶつかって,「何でこんなところに電柱を建てたんだ！」とイライラしても仕方ありません。

　自分の意志で変えられるものと，自分の意志では変えられないものがあります。毎日教室で顔を合わせる子どもたちは，私たちから見たら他人です。そもそも他人の気持ちや考え方を，私の意のままにコントロールすることなど，できるはずもありません。

　子どもの行動を捉えて「何でこんなこともできないんだ！」と怒ってみたり，「この前も同じことを指導したのに，また繰り返してる。まったく……」と落胆してみたり。そんな気分になることもありますよね。

　私は基本的な考えとして，

人は簡単には変わらない

と思っています。ですから，命に関わるようなケース以外は，無理な行動変容は求めません。たった1年の付き合いです。相手を変えるにはあまりにも短すぎると感じます。でも，すぐに変えられるものがあります。

自分自身の「言葉」とその子への「感情」

です。私たち教師に与えられている生徒指導のツールは，言葉と感情だけです。その2つのツールが通用するかどうかは，その子と自分との関係性によるところが大きくなります。

　悪いところは頻繁に目につきます。目につけば注意したくなります。それが人情です。しかし，関係性のないところに，言葉と感情というツールはあまり機能しません（部活動顧問と部員の関係であれば機能することもありま

す)。関係性をつくるには，その子どもに対して肯定的な感情をもっていなくてはなりません。子どもは感情を感じ取る天才です。みなさんの教室にもいませんか？突然，「先生，何か怒っている？」と聞いてくる子どもが。

　肯定的な感情だけをもち続けるのは困難かもしれませんが，悪いことと同じくらいよいことに着目してみます。かつて天皇陛下が手術をされたときの執刀医である天野篤氏は，患者の死との向き合い方についてこう言っています。

> 「『記憶の上書き』をしていく人は心が折れない」

　ダメなところが目についたら，その子がとったよい行動で「記憶の上書き」をします。また気に入らない言動があっても，次のよい行動で上書きしていくことは可能です。

　たった1年の付き合いです。よい言動に注目して，その子との関係をよくして，言葉と感情が伝わる状態を維持していきます。ダメなところにばかり目が行って，教師の心が折れたら意味がありませんから。

　保護者に対してはどうでしょうか。辛辣な言い方かもしれませんが，保護者はそう簡単には変わらないと思っています。理不尽なクレームや要求で悩んでいらっしゃる方も多いかもしれませんね。かなり傲慢な言い方をすれば，私の基本的なスタンスは，

> 親はなかなか変わらない。
> でも，目の前のこの子をあの親と同じにしてはいけない。

　少なくとも，目の前の子どもの幸せが，何よりも大切だと思っています。変えられることに，自分がもてるコストをかければいいのです。

学年部に貢献し，依存する

　中学校では，学年部組織が「小さな学校」のような機能をもつことが多くあります。あなたはその学校の中の何の役割を担っていますか？会計，庶務，リーダーなど明文化される役割がありますね。それ以外にも実は，あなたに期待されている役割があります。それが堀裕嗣氏の主張する「ＦＭＣチームワークの原理」です。

> 父性（Father）型指導力：生徒たちに規律を守らせるタイプの指導力
> 母性（Mother）型指導力：生徒を優しく包み込むタイプの指導力
> 友人（Child）型指導力　：よきお兄さん，お姉さんのようなタイプの
> 　　　　　　　　　　　　指導力

　学年主任の中には，この明文化されない役割分担を指示する人もいます。でもあまり重視されないこともあるでしょう。学年部の中には，このバランスが非常に重要です。全員がＦ型教師だったら，子どもは安心して愚痴をこぼせる相手を失います。全員がＭ型教師だったら，子どもは自立のために必要な不動の壁を失います。全員がＣ型教師だったら，子どもは本当に困ったときに頼れる場所を失います。

　一人の人間がすべての役割をすることはなかなかできません。学級担任制の小学校と学年単学級の中学校では，３つの顔をうまく使い分けながら学級経営をしていく必要があるかもしれませんが，中学校には学年部組織があります。役割分担をすればいいのです。そして，自分に任されている役割をきちんと演じ切ります。

　私のケースで言えば，40代男性教師。部活動は柔道。明文化されている役割は学年生徒指導です。Ｆ型教師という役割期待を学年主任からかけられています。

私の同僚であるⅠ先生。40代女性教師。学級活動担当。部活動は文化部。お母さん先生である彼女ですが，M型教師ではなくC型教師を演じています。理由は学年副主任に，母性あふれるベテランK先生がいるからです。Ⅰ先生は徹底的に子どもと遊びます。昼休みに体育館で男子生徒たちとドッヂボールをすることもあります。

　学年部組織の中には，FMCすべての役割が必要です。F型，M型，C型どれ1つ欠けてもいけないのです。C型教師は子どもとじゃれ合いながら彼らのお兄さん，お姉さんとして指導力を発揮すればいいのです。M型教師は受容のスタンスで子どもたちに安心を与える指導力を発揮すればいいのです。

　1年後には学級編成されることが多いです。ですから，あなたの目の前にいる子どもたちは，

> 「私の生徒」ではなく「私たちの生徒」

なのです。

　学年主任は，あなたにどんな役割期待をもっていますか。それが明確でないのなら，学年主任や周囲のベテラン教師に聞いてみるとよいでしょう。「先生，私の役割は何ですか」と。

> 自分の役割を果たして組織に貢献しましょう。
> 自分の苦手なことは，得意な人の力を借りましょう。

　学年部組織はチームです。ビシッと指導を入れる人も必要です。事後に話を聞きながらフォローする人も必要です。みんなで寄ってたかって生徒を育てます。あなたにしかできない生徒の育て方があります。

4 手ごたえを数値化する
「何となく」を「やっぱり！」に

　学校には数値があふれていますが，そのほとんどがお金に関するものと，学力（点数）に関するものです。

　では，私たちが毎日心を砕き，子どもに寄り添い，自分の時間を削って指導している学級づくりはどうか。感触としては，「いいクラスになってきたなあ」とか，「4月よりだいぶまとまってきたなあ」などと，感じることはあるでしょう。しかし，それは個人の実感であって他の人とシェアできるものではありません。学級づくりの「何となくよくなった」を「やっぱりよくなった」にしてみませんか。数値がよければ，あなたの学級づくりの上手さを可視化するツールになります。数値が悪ければ，集団を育てるための次の一手が見えてきます。以下の尺度を使ってみてはいかがでしょうか。

・QU（学級生活満足度尺度）　河村茂雄
・アセス（学校環境適応感尺度）　栗原慎二，井上弥
・共同体感覚尺度　高坂康雅

　他にもいろいろな尺度があると思います。私が勤務した学校では，5月と11月にQUを実施し，子どもたちの学級生活満足度を調査していました。それに加えて，私の所属した学年で共同体感覚尺度を2か月に1度実施し，子どもたちの他者への関心を数値で測定しました。

　数値を上げることだけが目的ではありません。自分の感覚以外で，学級の現状を知るツールとすることと，

「何となくよくなった」を「やっぱりよくなった」

に変えるために活用することが可能です。手ごたえは次の取り組みへの動機になります。集団の育ちに関する担任の直観的な評価は，多くの場合，当たっています。それを客観的に評価することも，ときには自分の努力の成果を知るよい機会となります。

5 極論「死ななければいい」「休まなければいい」

　学力向上が声高に叫ばれて久しいです。指導主事や管理職もそれを言わなければならない立場なのでしょう。みなさんが同じようなことを同じようにご指導くださいます。

　学校の仕事は多忙です。ほとんど反射神経だけで仕事をしていると感じます。書類の作成，職員会議資料の作成，子どもの生活ノートの点検，部活動の指導，授業準備，テストの作成，保護者対応，突発的な問題行動，……。

　ため息が出てきます。中学校の教師は土日にも部活をしています。本当に時間がありません。「学級担任としてあなたが一番大切にしていることは何ですか？」そう聞かれたら，私はこう答えます。

子どもの命を守ること，そして学校に足が向くこと

　あれ？学力向上は？信頼関係づくりは？自治的集団の育成は？

　どれも大切ですが，極論すれば「死ななければいい」と思っています。「学校を休まなければいい」と思っています。

　かつての同僚に，クラスの子が自死した経験をもつ先生がいました。その件が起こる以前は，活発で子どもたちから好かれる先生でした。しかし，その経験以降，人が変わってしまいました。声が小さくなりました。背筋がいつも曲がるようになりました。人生の暗いムードが背中から出ているように，私には感じられました。

　私たちは人の人生を生きているのではありません。私たち自身が幸せそうに生きている。そして子どもたちの幸せを願う。この順序を間違えてはいけないのです。学校がひどく荒れたとき，隣の先生が毎朝言っていた言葉があります。

　「がんばらないけど，負けないぞ」そのくらいがちょうどいいのです。

第11章 学級集団づくりチェックポイント20
～チームに育てるための定期点検リスト～

> 学級集団づくりは、そのねらいも評価も曖昧です。だからこそ、「知らず知らず崩れていた」などということが起こります。学級集団がねらうところに向かって育っているかを「定期的」に「共通の指標」で「振り返り」をしましょう。学級集団づくりの成功のためには、定期点検は欠かせません。

1 学級集団づくりにも定期点検を

　生徒たちの学習に関する成果は、定期テストや各種学力調査によって定期的に確認されます。しかし、学力向上の基盤は学級集団づくりだと言われながら、その学級集団づくりについては、何がどれくらいできているかの明確なモノサシがなく、また、それに基づく定期的な確認もなされていません。

　学級が通常に機能していれば、学習面での遅れは、取り戻すことは可能です。学級が機能していたら、教師の投げかけや各種教育技術を起動させることが可能だからです。

　しかし、学級が機能していない場合は、一つ一つの教育活動の遂行が困難になりますから、カリキュラム運営上、かなり厳しい状況に置かれることになるでしょう。つまり、

> 学習の遅れは後で取り戻せる。しかし、学級集団づくりの遅れは取り戻すことが極めて困難である

と言わざるを得ません。

　これまでの学級集団づくりに対する主張に基づき、学級集団づくりが効果的になされているかを点検するチェックリストを作成しました。これを本書で示す5期に分けてチェックしてみて下さい。

2 学級集団づくりチェックリスト

ゴールイメージ

☐ **1 学級集団づくりのゴールイメージがある**

　生徒たちと別れるときの学級のゴールイメージがありますか。生徒たちと自分はどんな関係で，生徒たちはどんなことができるようになっていて，学級はどんな雰囲気なのでしょうか。理想の学級の姿がありありとイメージできますか。また，それが言語化できますか。

☐ **2 本気でそのゴールイメージを実現したいと思っている**

　生徒たちの行動が変わるのは，「日常指導の積み重ね」によってです。「継続なくして成果なし」です。学級集団づくりは，「やり方」レベルの働きかけよりも，「あり方」レベルの働きかけが重要となってきます。生徒たちの望ましい行動に対する，教師の表情やちょっとした声かけなどを通じた継続的な働きかけが起こってくるためには，教師の本気が必要になってきます。心から湧き立つような願いがないと，そうした指導が生まれてこないのです。

☐ **3 ゴールイメージを生徒たちに何らかの方法で伝えている**

　成果を上げるリーダーは，ゴールイメージをメンバーと共有しています。日常的に，生徒たちにゴールイメージを伝え，そこに照らして望ましい行動をほめ，喜び，その逆の場合には，指摘したり，修正を指示したりします。そのためには，ゴールイメージを生徒たちにわかる言葉で，折に触れて伝え，共有することが大切です。

教師のあり方

☐ 4 生徒たちの前で，よく笑っている

　生徒たちは教師の感情のあり方に敏感です。生徒たちから見たら教師の表情は天気と同じです。「晴れていてほしい」のです。機嫌の悪い教師から生徒たちはだんだんと離れていきます。中学生，高校生の場合は，反発すら覚えるでしょう。一方，機嫌のよい教師とはつながろうとします。そばにいてほしいと思います。機嫌のよさを表現するには笑顔がもっとも効果的です。よく笑う教師の教室には，生徒たちの明るい笑顔があふれます。

☐ 5 普段から自己開示をして，人間らしさを見せ，自分のしてほしいこと，してほしくないことなどの価値観を伝えている

　普段から自分の価値観を伝えておくことは，自分の指導の正当性を高める上でとても大事な行為です。自分の価値観を伝えていくことなく，いきなり叱っても，また，ほめたりしても生徒たちの納得が得られず，それが理解されない事態が起こります。また価値観を伝えるためにも，まずは，教師の好きなことや嫌いなこと，失敗したことや家族のことなどの教師の人となりを積極的に伝えましょう。そうすることにより，生徒たちとの距離が縮まることでしょう。教師の自己開示は，生徒の自己開示を促します。

☐ 6 生徒たちのよさに注目し，よくほめる

　生徒たちは教師を見て判断しています。まず，「この人は，自分に関心を向けている人かどうか」です。そして，次に「この人は，自分をプラスと思っているか，マイナスと思っているか」です。生徒たちの価値観は，非常に明確です。自分のことをプラスと思っている人の言うことを受け入れ，マイナスと思っている人の言うことは，拒否するか無視します。

　生徒たちのよさに注目し，よくほめる教師は，自分の指導性を日々高めて

いることになるのです。

☐ 7 叱ったときは，その後でフォローしたり，別なことでその3倍以上ほめたり認めたりしている

　脳内では，ほめる：叱るの量的なバランスが3：1くらいで，主観的には，1：1になるそうです。叱られるほうが感情へのインパクトがあるからです。「1つ叱って1つほめる」では，生徒たちの中では，叱られた印象しか残らないのです。叱ったら叱りっぱなしにしないことが大事です。

　効果がない叱り方は，生徒との関係が悪くなるばかりです。関係が悪くなったら指導はできなくなります。生徒のことをきちんとほめて認める教師が叱ったときに，その効果が表れるのです。

☐ 8 生徒たちの体調や感情のケアをしている

　生徒たちに「あたたかく」接するとは，具体的にどういうことなのでしょう。まず身体面のケアです。風邪を引いた，おなかが痛いなど，本当にしんどいときに，それにしっかりと関心をもってあげることがあたたかさを示すことになります。次に，感情面への理解です。気持ちを理解するということはどういうことでしょうか。気持ちとは，喜怒哀楽などの感情です。不安なときは安心させてやり，喜びを感じているときは一緒に喜ぶなどのことが，生徒たちとの共感的関係をつくります。生徒は，共感してくれる教師を味方だと感じます。

☐ 9 保護者と良好な関係をつくろうとしていて，そのための具体的な手立てをとっている

　保護者の支持は，担任にとって大きな勢力資源です。授業参観，懇談会，学級通信など，あらゆる手段を使って保護者と良好な関係を築くようにします。多くの生徒たちにとって家族は大事です。生徒たちの大事にしているものを大事にする教師を，生徒たちも大事にすることでしょう。

教師と生徒の個人的信頼関係

☐ 10 生徒たちを知ることを楽しむ

　学級集団づくりには，生徒たちとの個人的信頼関係が必須です。ここを抜かして今の学級集団づくりはあり得ません。まず，生徒たち一人ひとりに関心を向けることです。生徒たちのことを知ることを楽しむことです。生徒たちといるときは笑顔で話しかけます。また，生徒たち一人ひとりの関心をもっていることに興味をもって，聞き出すようにすると，生徒たちは教師に関心を向けられていることを自覚します。

☐ 11 生徒たちの話をよく聞いている

　私たちはどんな人を信頼するでしょうか。すごくいい話をする人と，よく話を聞いてくれる人のどちらかと言ったら，後者です。教師は，グッドスピーカーである以前に，グッドリスナーであるべきです。生徒たちの話を聞いた分だけ，教師の話は受け入れられます。逆に生徒たちの話を聞かない教師は，生徒たちに話を聞いてもらえないくらいに思っていていいのです。

☐ 12 1日に1回は，一人残らずあたたかな声をかけている

　かっこよさや面白さは，二の次です。教師と生徒たちの関わりは長期戦です。長くふれ合っているためには，あたたかさが必要です。かっこよさや面白さは，インパクトはありますが，持続性はありません。あたたかさが長く生徒たちを引きつけます。親しみのある表情で生徒の名前を呼び，あたたかく挨拶し，あたたかなひと言をかけます。ほめるべきときはほめたほうがいいですが，無理にほめなくていいのです。「なんか，嬉しそうだね」「ちょっと元気ないね。何かあった？」などと，生徒に関心を示すようにします。

☐ 13 生徒たちの名前をランダムに思い出したときに，思い出せない子がいない

　生徒たちの学級生活において，一人ひとりの居場所が必要です。では，生徒たちは，どこに居場所を見出すかと言えば，仲間や教師との人間関係の中に見出そうとします。しかし，すべての生徒たちが仲間をもてるわけではありません。まずは，教師の中にその子の居場所がしっかりとあれば，その子は，次第に生徒同士の中に居場所を見つけ出そうと行動を始めることができるでしょう。自分の中に生徒一人ひとりの居場所があるかを確かめる方法は簡単です。ときどき，生徒たちの名前をランダムに想起します。スムーズに出てくればまずは合格です。

☐ 14 中間層とつながるための具体的な手立てをもっている

　上のチェック13で，思い出せない子や，いつも後のほうになる子がいた場合は要注意です。教室には，教師の指導が入りやすい「協力層」と呼ばれる子，また，指導が入りにくい「非協力層」と呼ばれる子，そして，その間にいる「中間層」と呼ばれる子がいます。忘れてはならないのは，この中間層がもっとも多いことです。

　「協力層」はほめられることで，また，「非協力層」は注意されたり叱られたりすることで，教師の注目を得ています。しかし，「中間層」は目立たないので教師との関係性が薄くなりがちです。そうした「中間層」とつながる手立てをもち，日常的に実践することが学級を安定させます。

　一人ひとりとつながる方法はいろいろありますが，代表的な方法論は，共通の話題をもつことです。「あの子とは，あのアーティスト」「あの子とは，あのゲーム」のようにです。共通の話題を見つけるには，やはり日常のコミュニケーションや個人ノートで普段からつながっていることが大事です。

生徒同士の関係性と主体性

☐ **15 生徒同士が互いに関わることや助け合うことの大切さや意味を伝えている**

　教師と生徒たちの良好な関係性だけで安定している学級は，集団として非常に脆い構造にあります。教師との関係性が悪くなったら，一気に学級が壊れる可能性があります。教師の指導性を安定させるためにも生徒同士の良好な関係が必要なのです。

　しかし，生徒たちの中には，私的グループがあれば，他の生徒と関わる必要を感じていない生徒もいます。そうした生徒たちに，人とつながるよさや助け合うことの必要性を常々伝えていく必要があります。

☐ **16 生徒同士が知り合う機会が定常的に設定されている**

　関わることや助け合うことのよさを伝えた上で，実際に関わる機会や助け合うような場を設けます。スローガンだけでは生徒たちはつながりません。実際の活動を通して，つながる喜びを体験させます。

　全員が良好な関係になることが理想ですが，発達段階を考えると難しい実態もあります。まずは，生徒同士ができるだけ多く個人的に「知り合い関係」になることです。そのためには，生徒同士が関わる機会をできるだけ毎日設定します。

☐ **17 生徒同士に対人関係のルール，マナーが共有されている**

　生徒たちのつながりが広がるためには，ルールやマナーの共有が求められます。私的グループの中では，「阿吽の呼吸」で生活しています。しかし，大勢と関わるためには，共通の行動規範が必要です。特にコミュニケーションルールの共有は重要です。コミュニケーションのあり方が，その集団の人間関係のあり様を示すからです。皆さんの学級には，生徒たちの間に定着し

たルールがいくつありますか。

☐ 18 生徒同士のあたたかな感情の交流がある

　皆さんの学級はあたたかいですか。一番しんどい思いをしている（学習面，生徒指導面）と思われる生徒の立場から学級を眺めてみて下さい。その生徒が困っているときにどれくらいの生徒が助けてくれますか。また，その生徒が嬉しいときにどれくらいの生徒が喜んでくれますか。一人ひとりが２割以上の味方をもっているならば，一人ひとりにとってあたたかい学級と言えるでしょう。

☐ 19 生徒たちに学習活動や学級活動に進んで取り組もうとする意欲と行動する習慣がある

　一斉指導以外の場面でも生徒たちは意欲的に活動しますか。また，いちいち声をかけなくても，生徒たちは個人学習やグループ学習や清掃などの活動ができますか。学級が育ってくると，教師の細かな指示がなくても自分たちで判断して行動するようになります。このような学級では，教師に注意されなくてもルールを守り，また，仲間同士で学び合ったり助け合ったりする姿が見られるようになります。

☐ 20 生徒たちが主体的に行動するシステムがあり，それが機能している

　よりよい生活のあり方を願って「イベントをしたい」，「クラスのルールをつくりたい」，「困っているから相談したい」などの声が生徒たちから上がるでしょうか。そうした声を吸い上げるシステムがあり，そのための話し合うような場が定常的に設定されているかどうかです。また，場を設定しているだけでなく，生徒たちがそこで，楽しいことを企画したり，学級生活に必要なルールをつくったり，問題を解決しているかどうかです。こうしたことができる学級を自治的集団と呼びます。

学級集団づくり20ポイントチェック表

できている項目に○を付けてみましょう。

カテゴリー \ 時期	項目	1期 4-5月	2期 6-7月	3期 9-10月	4期 11-12月	5期 1-2月	GOAL 3月
【Ⅰ】ゴールイメージ	1						
	2						
	3						
【Ⅱ】教師のあり方	4						
	5						
	6						
	7						
	8						
	9						
【Ⅲ】教師と生徒たちとの個人的信頼関係	10						
	11						
	12						
	13						
	14						
【Ⅳ】生徒同士の関係性と主体性	15						
	16						
	17						
	18						
	19						
	20						
計（ポイント）							

3 いつも自分のあり方を見つめながら学級を見る

　これらのチェック項目に照らして，学級集団づくりを定期的に診断することをお勧めします。学級集団づくりの問題は，長期戦ですから，はっきり言えば，

自己管理の問題

です。いかに安定したリーダーシップを発揮し続けるかということです。でも，そんなに堅苦しく考えないで下さい。ダイエットしている人は毎日体重測定をするでしょう。それなりの年齢になれば，毎年人間ドックに行くでしょう。そんな感じでいいと思います。各期の末日あたりにチェック日を設けるといいでしょう。こうした評価は「定点観測」するように，同じ時期にするのが望ましいです。第１回目の評価は，５月の末日ということになります。３月は，チェック項目による評価とともに，学級のゴールイメージが実現できたかどうかも確かめてみて下さい。

　最後にちょっとした注意事項を申し上げます。ゴールイメージを実現することに躍起になると，ますますゴールが遠ざかります。学級集団づくりは生徒たちとの協働作業です。生徒たちの心が離れてしまったら，ねらいを達成することはできません。カテゴリーⅠ「ゴールイメージ」を達成するために，カテゴリーⅡ「教師のあり方」～Ⅳ「生徒同士の関係性と主体性」があると考えて下さい。Ⅱ～Ⅳは，優先順位を示しています。生徒たちのパフォーマンスは当然ながら，Ⅳに見られます。Ⅳの不具合は，ⅡやⅢ，それもⅡであることが多いのです。

　「自分のあり方が，学級のあり方をつくる」ことを自覚するのが，学級集団づくりの成功の第一歩です。

赤坂　真二

☆あとがき

　近年，中学校の部活動がクローズアップされることが多くなりました。実に「ブラック」であるという点においてです。時間外勤務は当たり前になり，土日の勤務も強要されるなどが理由のようです。部活動顧問をしない選択を主張する先生もおられるようです。部活動のあれこれについて述べるつもりはありませんが，私たちが常に考えなくてならないことが1つあります。それは「本当にそれは子どものためになっているのか」ということです。

　本書を手に取って下さった方は，学級経営に意欲的な方のはずです。しかし，周りにこんなふうに言う人はいませんか？
「もう学級担任したくないなあ」
「やることが増えるばかりで，副担任のほうが楽でいいなあ」
　学級担任をするということは，よいことばかりではありません。突発的な問題行動をとる子どもがいます。常識的な話が通じない保護者もいます。理不尽なクレームで夜も眠れないこともあります。勤務時間外に家庭訪問をせざるを得ないこともあります。「学級担任なんてもう嫌だ」と思うこともあるかもしれませんね。
　そんなときに，1つ問いたいのです。

「先生はどうして教師になったのですか」

　答えは人の数だけあるでしょう。しかし，通底しているのはその答えのどこかに，「子どものため」が1ピースでも存在していることだと思います。
　もちろん，学級担任だけが学校をつくっているとは言いません。本書で何度も述べたように，中学校では学年部組織が小さな学校のような機能をもつことが多くあります。そして，校務分掌表などに明文化されない役割など，いわゆる隙間仕事が山ほどあります。副担任の先生が学級担任を強力にサポ

ートしている職場もたくさんあるでしょう。

> 「本当に子どものためになっているのか」

　この考え方を中心に学級担任とそれ以外の先生方が，手を取り合って一緒に仕事ができたら，すごく素敵な職場になると考えます。少なくとも私は，若い先生方に「学級担任って楽しそうだなあ」と思わせるように，言動をいつも心がけています。もし，先に述べた部活動顧問と同じ理屈で「学級担任したくない」という先生方が増えたら，学校は立ち行かなくなりますから。それは組織としての学校の「死」を意味します。

　いつも職員室でその日の失敗を，ゲラゲラ笑いながら学年部のみなさんに話ができる，そんな中堅教師でありたいと思っています。本書を手に取って下さったみなさんにお願いです。まずはご自分の学級づくりを楽しんで下さい。一緒に悩みを共有し，一緒に成長していきませんか。その先に管理職を困らせたいものです。「うちの学校，担任希望者が多すぎて困るわい」って具合に。

　日々精進。発展途上な教師である私の中間まとめとして，本書をまとめました。本書執筆の機会を与えてくださった赤坂真二先生と明治図書の及川誠さんに感謝申し上げます。また，いつも読者目線で私の初稿を真っ赤に直して下さった，川合礼先生のお陰で執筆を進めることができました。そして，今回の単著執筆という無謀なチャレンジを「大丈夫。あなたは人に恵まれているから」と背中を押してくれた妻奈美に心から感謝しています。

　本書を手に取っていただき，そして，最後までお読み下さり本当にありがとうございました。心から感謝申し上げます。

岡田　敏哉

【引用文献】
・滝川一廣『学校へ行く意味・休む意味 不登校ってなんだろう？』日本図書センター，2012
・中央教育審議会「小中連携，一貫教育に関する主な意見等の整理」中央教育審議会初等中等教育分科会 学校段階間の連携・接続等に関する作業部会，2012
・文部科学省『生徒指導提要』教育図書，2011
・吉田順『荒れには必ずルールがある』学事出版，2013
・文部科学省「中学校学習指導要領 第5章 特別活動」2008
・文部科学省「中学校学習指導要領解説 特別活動編」2008
・赤坂真二『スペシャリスト直伝！学級を最高のチームにする極意』明治図書，2013
・倉又佳宏「中学校における学級経営の専門性を支える学習の場の在り方についての研究：A中学校での参与観察とインタビュー調査を通して」上越教育経営研究会，2015
・国立教育政策研究所「生徒指導リーフ 「自尊感情」？それとも，「自己有用感」？Leaf18」2015
・鍋田恭孝『子どものまま中年化する若者たち 根拠なき万能感とあきらめの心理』幻冬舎，2015
・堀裕嗣『スクールカーストの正体 キレイゴト抜きのいじめ対応』小学館，2015
・大前暁政『子どもを自立へ導く学級経営ピラミッド』明治図書，2015
・藤原和博『藤原先生，これからの働き方について教えてください。100万人に1人の存在になる21世紀の働き方』ディスカヴァー・トゥエンティワン，2015
・堀裕嗣『生徒指導10の原理・100の原則 気になる子にも指導が通る110のメソッド』学事出版，2011
・天野篤『熱く生きる（青本）道を究めろ編』セブン＆アイ出版，2014

【参考文献】
・堀裕嗣『必ず成功する「学級開き」魔法の90日間システム』明治図書，2012
・赤坂真二『クラスを最高の雰囲気にする！目的別学級ゲーム＆ワーク50』明治図書，2015
・赤坂真二編『最高のチームを育てる学級目標 作成マニュアル＆活用アイデア』明治図書，2015
・堀公俊『ビジュアルビジネス・フレームワーク』日本経済新聞出版社，2013
・嶋崎政男『生徒指導の新しい視座―ゼロトレランスで学校は何をすべきか』ぎょうせい，2007
・中央教育審議会「初等中等教育における教育課程の基準等の在り方について（諮問）」2014
・赤坂真二『スペシャリスト直伝！学級を最高のチームにする極意』明治図書，2013

【編著者紹介】

赤坂　真二（あかさか　しんじ）

1965年新潟県生まれ。上越教育大学教職大学院教授。学校心理士。19年間の小学校勤務では，アドラー心理学的アプローチの学級経営に取り組み，子どものやる気と自信を高める学級づくりについて実証的な研究を進めてきた。2008年4月から現所属。研究力と実践力を合わせもつ教員を育てるため，教師教育にかかわりながら講演や執筆を行う。

【著者紹介】

岡田　敏哉（おかだ　としや）

1976年新潟県生まれ。新潟県公立中学校教諭。専門教科は英語。モットーは"Nothing is not changing."共著に『一人残らず笑顔にする学級開き　小学校～中学校の完全シナリオ』，『THE 協同学習』（明治図書）他。

学級を最高のチームにする！
365日の集団づくり　中学1年

2017年3月初版第1刷刊	編著者	赤　　坂　　真　　二
2022年3月初版第5刷刊 ©	著　者	岡　　田　　敏　　哉
	発行者	藤　　原　　光　　政
	発行所	明治図書出版株式会社

http://www.meijitosho.co.jp
（企画）及川　誠（校正）姉川直保子
〒114-0023　東京都北区滝野川7-46-1
振替00160-5-151318　電話03(5907)6704
ご注文窓口　電話03(5907)6668

＊検印省略　　組版所　長　野　印　刷　商　工　株　式　会　社

本書の無断コピーは，著作権・出版権にふれます。ご注意ください。

Printed in Japan　　　　　　ISBN978-4-18-274122-7
もれなくクーポンがもらえる！読者アンケートはこちらから　→

THE教師力ハンドブック

汎用的能力をつける アクティブ・ラーニング入門

会話形式でわかる社会的能力の育て方

西川 純 著

「えせアクティブ・ラーニング」にならないための秘訣

ＡＬ入門，第３弾。「なんちゃってアクティブ・ラーニング」ではない，子ども達に社会で生き抜くジェネリックスキル・汎用的な力をつける授業づくりとは？学校でつける一生役に立つ社会的能力が子どもの未来を切り拓く！アクティブな授業づくりの極意を会話形式で伝授。

四六判　144頁
本体 1,760円＋税
図書番号 2612

アクティブ・ラーニングをどう充実させるか

資質・能力を育てるパフォーマンス評価

西岡加名恵 編著

本質的な問いから探究を生む「パフォーマンス評価」実践集。

「アクティブ・ラーニングにおいて評価はどうすれば？」そんな疑問に応える「パフォーマンス評価」実践集。アクティブな活動を充実させる「パフォーマンス課題」を活用した各教科の授業＆評価モデルを収録。ポートフォリオやルーブリックを活用した探究も徹底サポート。

Ａ５判　144頁
本体 1,800円＋税
図書番号 2589

「教師を辞めようかな」と思ったら読む本

新井 肇 著

事例＆教師自身の語りでまとめた現場教師への応援歌！

学校現場から，教師の疲弊する声が多く聞かれます。多くの教師たちが，「辞めたい」と思うまでに追いつめられるのはなぜなのか。また，そのような危機をどのようにすれば乗り越えられるのか。具体的な事例＆教師自身の語りで，現場の先生へのエールとしてまとめました。

四六判　144頁
本体 1,600円＋税
図書番号 1808

学級を最高のチームにする極意

アクティブ・ラーニングで学び合う授業づくり

小学校編　中学校編

赤坂 真二 編著

各教科におけるアクティブ・ラーニング成功の秘訣！

アクティブ・ラーニングは「主体的で協働的な学習者の育成」が核です。それには教科の特性を踏まえた，主体的に追究できる課題づくり＆授業の展開が必要です。本書では協働を実現した成功実践モデルを各教科にわたって豊富に紹介しながら，成功の極意をまとめました。

小学校編
Ａ５判　152頁　本体 1,700円＋税
図書番号 2556

中学校編
Ａ５判　144頁　本体 1,660円＋税
図書番号 2557

明治図書　携帯・スマートフォンからは　**明治図書 ONLINE へ**　書籍の検索，注文ができます。

http://www.meijitosho.co.jp　＊併記4桁の図書番号（英数字）でHP、携帯での検索・注文が簡単に行えます。

〒114-0023　東京都北区滝野川7-46-1　ご注文窓口　TEL 03-5907-6668　FAX 050-3156-2790

スペシャリスト直伝！ 実物資料編
小学校クラスづくりの核になる
学級通信の極意

西村 健吾 著

B5判 168頁
本体価格2,000円+税
図書番号2092

140枚以上の実物で365日の学級通信づくりがわかる!

1年間クラスづくりの核になる学級通信を，4月～3月の月ごとに解説を加えて実物収録。学級づくりの内容だけでなく，授業づくりや季節毎の行事に関わるものも加え，色々な場面で活用できる学級通信を140枚以上収録しました。365日の学級通信づくりに必携の1冊です！

国語科授業づくり
10の原理・100の言語技術
義務教育で培う国語学力

堀 裕嗣 著

A5判 184頁
本体価格2,400円+税
図書番号2091

国語授業づくりで使える原理と言語技術を領域別に解説

「言語技術」と「言語感覚」を分けて考えることで，国語科授業づくりは革命的に変わる！国語科の授業づくりで使える10の原理と100の言語技術を体系的にまとめました。「話すこと」「聞くこと」「書くこと」「読むこと」の領域別に解説した授業づくり必携の書です。

学級を最高のチームにする！
365日の集団づくり 1年から6年

赤坂真二 編著

学級づくりの必読書

【図書番号・2501～2506】
A5判 144～160頁
本体価格1,600円～1,700円+税

★発達段階に応じた学級づくりの秘訣を，具体的な活動で紹介。
★「学級づくりチェックリスト」で学級の状態をチェック！
★学級づくりで陥りがちな落とし穴と克服の方法も網羅。

365日で学級を最高のチームにする！目指す学級を実現する月ごとの学級づくりの極意。スタートを3月とし，まず学級づくりのゴールイメージを示して，それを実現するための2か月ごとに分けた5期の取り組みをまとめました。1年間の学級経営をサポートする，必携の1冊です。

明治図書　携帯・スマートフォンからは **明治図書ONLINE** へ　書籍の検索，注文ができます。
http://www.meijitosho.co.jp　＊併記4桁の図書番号（英数字）でHP，携帯での検索・注文が簡単に行えます。
〒114-0023　東京都北区滝野川7-46-1　ご注文窓口　TEL 03-5907-6668　FAX 050-3156-2790

＊価格は全て本体価格表示です。

学級を最高のチームにする極意
信頼感で子どもとつながる 学級づくり
小学校編／中学校編

協働を引き出す教師のリーダーシップ

赤坂 真二 編著

主体性と協働力を伸ばす！AL時代の学級づくりの極意

アクティブ・ラーニング時代の主体性を育てる学級づくりは教師と子どもの信頼感がスタート！協働を引き出す学級づくりのポイントをエピソードを豊富に交えて紹介しました。成功させるコツに加え、つまづきポイントとリカバリーの方法も入れた必携の1冊。

小学校編
A5判 152頁 本体1,700円＋税
図書番号 1859

中学校編
A5判 144頁 本体1,660円＋税
図書番号 1860

スペシャリスト直伝！成功する自治的集団を育てる
学級づくりの極意

赤坂 真二 著

学級づくり成功の極意第3弾！協働力を高め主体性を磨く秘訣

大好評の『学級づくり成功の極意』待望の第3弾。子どもの主体性と協働力を磨く鍵は「自治」にある！「協同力を高めるチーム学習」「幸福感を高める話し合い活動」「学力基礎を高める日常指導」など、AL時代の学級づくりの鍵となる「自治的集団づくり」の秘訣を伝授。

A5判 192頁
本体1,860円＋税
図書番号 1344

10年後の自分を考える！ 教師が**20**代で身につけたい**24**のこと
得意分野で勝負する！ 教師が**30**代で身につけたい**24**のこと
時代をつくる時が来た！ 教師が**40**代で身につけたい**24**のこと

堀 裕嗣 著

堀裕嗣先生直伝！20代〜40代を充実させる秘訣と極意

20代、30代、40代の今だからこそ、出来ることがある！「教師人生を充実させ、生き抜くために必要な24のこと。」「他者性を意識する」「二芸を身につける」「上と下からの要求を調整する」など、具体的な生き抜く秘訣が満載！

図書番号 1945
図書番号 1946
図書番号 1947

四六判 128頁 本体価格1,500円＋税

学級を最高のチームにする極意
集団をつくるルールと指導
小学校編／中学校編

失敗しない定着のための心得

赤坂 真二 編著

学級づくり・集団づくりに不可欠のルール指導成功の極意

学級を最高のチームにする極意、教室ルールづくり編。「集団をつくるルールと指導」について、小学校・中学校における具体的な規律づくりの取り組みを、豊富なエピソードを交えて紹介しました。成功させるコツに加え、つまづきポイントと失敗しない心得も入れた必携の1冊です。

小学校編
A5判 144頁 本体1,600円＋税
図書番号 2012

中学校編
A5判 144頁 本体1,600円＋税
図書番号 2013

明治図書 携帯・スマートフォンからは **明治図書ONLINE** へ 書籍の検索、注文ができます。

http://www.meijitosho.co.jp ＊併記4桁の図書番号（英数字）でHP、携帯での検索・注文が簡単に行えます。

〒114-0023 東京都北区滝野川7-46-1 ご注文窓口 TEL 03-5907-6668 FAX 050-3156-2790

＊価格は全て本体価格表示です。

目指せ！図工の達人
基礎・基本をおさえた絵の指導 短時間指導編

松村　進・松村陽子 著

大好評の『基礎・基本をおさえた絵の指導』第3弾！

ベストセラー『基礎・基本をおさえた絵の指導』の第3弾。読者よりリクエストの多かった「短時間での指導」に適した教材を中心に、「絵の指導の基礎・基本」のノウハウをぎゅっと凝縮してまとめました。300点を超える作品例も入った教材アイデアが満載の続編です。

B5判 96頁
本体1,800円+税
図書番号 2269

学級を最高のチームにする極意
やる気を引き出す全員参加の授業づくり 小学校編／中学校編

協働を生む教師のリーダーシップ

赤坂 真二 編著

主体性と協働を引き出す！ AL時代の全員参加の授業づくり

「授業に参加できていない子どもの存在を許さない！」全員参加の授業づくりには、まず子どものやる気を引き出すことがスタート。"課題意識の共有"と"つながりづくり"が「主体性」を生み出し、「協働」の地盤となります。アクティブ・ラーニング時代の授業づくり入門。

小学校編
A5判 144頁 本体1,660円+税
図書番号 2014

中学校編
A5判 144頁 本体1,660円+税
図書番号 2015

アクティブ・ラーニングを実現する！
『学び合い』道徳授業プラン

西川　純・松下行則 編著

考え，議論するアクティブな道徳授業づくり決定版！

「考え，議論する道徳授業づくり」には、「みんな」『学び合い』がキーワード。多彩な資料とアクティブな仕掛けで授業が激変します。①授業の道しるべ②準備するもの③指導目標④授業展開モデル⑤成果と振り返りで、道徳授業のアクティブ・ラーニングを完全サポート！

A5判 128頁
本体1,700円+税
図書番号 2340

スペシャリスト直伝！
授業参観＆保護者会
成功の極意

サークルやまびこ 著

授業参観・保護者会を成功させる多彩なアイデアが満載！

授業参観や保護者会は、特別な日です。子どもの成長を支える関係づくりのスタートでもあります。保護者にとって、安心と信頼を持ってもらえる授業参観とは？ 教師と保護者、保護者同士のつながりを生む保護者会とは？ 成功させる様々なアイデアを1冊にまとめました。

A5判 144頁
本体1,760円+税
図書番号 1359

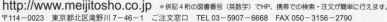

明治図書　携帯・スマートフォンからは　明治図書ONLINEへ　書籍の検索、注文ができます。▶▶▶

http://www.meijitosho.co.jp　※併記4桁の図書番号（英数字）でHP、携帯での検索・注文が簡単に行えます。

〒114-0023　東京都北区滝野川7-46-1　ご注文窓口　TEL 03-5907-6668　FAX 050-3156-2790

＊価格は全て本体価格表示です。

THE教師力ハンドブック

音読指導入門
アクティブな活動づくりアイデア

山田　将由 著

アクティブな音読指導が授業と学級を変える!

「アクティブな音読指導とは?」子どもの意欲を高め、交流を生むにはバラエティに富んだアクティブな指導が大切。表現力が高まり、子ども同士がつながり一体感が生まれる音読指導のアイデアを、豊富な実践例とともにわかりやすく紹介しました。明日から使える音読入門。

四六判　136 頁
本体 1,600 円+税
図書番号 1690

THE教師力ハンドブック

サバイバル アクティブ・ラーニング入門
子どもたちが30年後に生き残れるための教育とは

西川　純 著

AL入門第2弾。求められる真の「ジョブ型教育」とは?

AL入門、待望の続編。子ども達に社会で生き抜く力をつける授業づくりとは?「答えを創造する力」「傾聴力」「発信力」等、教科学習だからこそ得られる社会的能力が未来を切り拓く!求められる真の「ジョブ型教育」とアクティブ・ラーニング時代の教育の極意を伝授。

四六判　144 頁
本体 1,660 円+税
図書番号 2220

学級を最高のチームにする極意
気になる子を伸ばす指導
成功する教師の考え方とワザ

小学校編
中学校編

赤坂　真二 編著

「気になる子」を輝かせる!関係づくりと指導の極意

「困ったこと」ではなく「伸ばすチャンス」。発達が遅れがちな子,不登校傾向の子,問題行動が多い子,自己中心的な子や友達づくりが苦手な子など,「気になる子」を伸ばす教師の考え方・指導法について,具体的なエピソードを豊富に紹介しながらポイントをまとめました。

小学校編
Ａ5判　144 頁　本体 1,660 円+税
図書番号 1856

中学校編
Ａ5判　144 頁　本体 1,660 円+税
図書番号 1857

THE教師力ハンドブック

ハッピー教育入門
主体性&協働力を伸ばす秘訣

金　大竜 著

子どもから全ては始まる!ハッピー先生の教育入門

子どもは皆、素晴らしい力を持っています。一人ひとりの力が発揮され個性を磨くには、教師が子どもと向き合い成長を手助けすることが大切です。困り感から自立に向けた「主体性」の養い方、競争のみで終わらない「協働力」のつけ方。答えは目の前の子ども達にあります。

四六判　128 頁
本体 1,500 円+税
図書番号 1689

明治図書　携帯・スマートフォンからは **明治図書 ONLINE へ**　書籍の検索、注文ができます。▶▶▶

http://www.meijitosho.co.jp ●併記4桁の図書番号(英数字)でHP、携帯での検索・注文が簡単に行えます。

〒114-0023　東京都北区滝野川7-46-1　ご注文窓口　TEL 03-5907-6668　FAX 050-3156-2790

＊価格は全て本体価表示です。

☆『学び合い』の手引きシリーズ，待望の刊行！☆

資質・能力を最大限に引き出す！『学び合い』の手引き ルーツ＆考え方編

西川　純 著

A5判・144頁・本体1,800円＋税　図書番号：2547

子どもの資質・能力はこう引き出そう！『学び合い』ガイド

「子どもの資質・能力はこう引き出そう！」子どもの力を引き出す『学び合い』のノウハウを直伝。『学び合い』のルーツや考え方，これから必要とされる汎用的な力をつける授業づくりでの『学び合い』の活かし方，応用レベルの実践ヒントまでをわかりやすくまとめました。

資質・能力を最大限に引き出す！『学び合い』の手引き アクティブな授業づくり改革編

西川　純 著

A5判・160頁・本体1,900円＋税　図書番号：2577

多様な子どもにフィットするアクティブな授業づくりの極意

「子どもの資質・能力はこう引き出そう！」子どもの力を引き出す『学び合い』活用の極意を直伝。アクティブな授業づくりにおける教育内容・教育方法，変化が求められる教師の役割まで。子ども達につけたい力とは？　汎用的な能力をつける授業づくりの秘訣をまとめました。

 明治図書　携帯・スマートフォンからは　**明治図書ONLINEへ**　書籍の検索，注文ができます。　▶▶▶
http://www.meijitosho.co.jp　＊併記4桁の図書番号（英数字）でHP，携帯での検索・注文が簡単に行えます。
〒114-0023　東京都北区滝野川7-46-1　ご注文窓口　TEL 03-5907-6668　FAX 050-3156-2790

＊価格は全て本体価格表示です。

学習指導要領改訂のキーワードを中教審のキーマンが徹底解説！

中央教育審議会教育課程部会長 **無藤 隆**が徹底解説

学習指導要領改訂のキーワード

解説 無藤 隆　制作 馬居 政幸・角替 弘規

社会に開かれた教育課程
カリキュラム・マネジメント
「資質・能力」と「見方・考え方」
主体的・対話的で深い学び（アクティブ・ラーニング）etc…

明治図書

目次より
- 第1章　学校教育の存在理由を問う　―学習指導要領改訂の背景―
- 第2章　「社会に開かれた教育課程」　―未来軸・社会軸・主体軸―
- 第3章　今と未来の社会に開く「学びの地図」を
- 第4章　カリキュラム・マネジメントとは
- 第5章　資質・能力の三つの柱と教科の「見方・考え方」
- 第6章　三つの学び
- 第7章　実践化のための授業の改善と研修のあり方
- 第8章　評価の改訂の方向
- 第9章　幼児教育の振興とスタート・カリキュラム
- 第10章　実践化への課題は教師のアクティブ化に

学習指導要領改訂のキーワードを、改訂のキーマンである中央教育審議会教育課程部会長の無藤隆先生が対話形式でわかりやすく解説。「社会に開かれた教育課程」「カリキュラム・マネジメント」「資質・能力」「見方・考え方」「主体的・対話的で深い学び」などを網羅。

無藤　隆 解説
馬居　政幸・角替　弘規 制作
A5判・152頁・1,900円+税　【2710】

国立教育政策研究所・初等中等教育部長が語る！「深い学び」を実現する鍵

アクティブ・ラーニング 授業改革のマスターキー

大杉昭英 著　A5判・136頁・1,800円+税　【1241】

「主体的・対話的で深い学び」を実現する鍵とは？「見方・考え方」を働かせた各教科におけるアクティブ・ラーニングから、資質・能力と学習評価の考え方、諸外国のアクティブ・ラーニングまで。国立教育政策研究所・初等中等教育研究部長の大杉先生によるポイント解説。

目次より
アクティブ・ラーニングが登場してきた背景／アクティブ・ラーニングという「学び」が必要となる理由／アクティブ・ラーニングの充実―「見方・考え方」を働かせる―／アクティブ・ラーニングを実現する教師の授業づくりと学習環境／各教科等におけるアクティブ・ラーニングの姿／アクティブ・ラーニングと学習評価／諸外国のアクティブ・ラーニング

明治図書　携帯・スマートフォンからは **明治図書ONLINE** へ　書籍の検索、注文ができます。　▶▶▶

http://www.meijitosho.co.jp　＊併記4桁の図書番号（英数字）でHP、携帯での検索・注文が簡単に行えます。

〒114-0023　東京都北区滝野川7-46-1　ご注文窓口　TEL (03)5907-6668　FAX (050)3156-2790